Lydia Richter

Geliebte Käthe-Kruse-Puppen

gestern und heute

Laterna magica

Sofie Rehbinder-Kruse: Gedanken zum 100. Geburtstag meiner Mutter

Geliebtes Käthchen!
Ich war in Aidling und ging den Weg durch die hügeligen Wiesen, die voll zarter Blumen stehen, unter mir das Tal, der See inmitten der blauen Bergkette, über mir der endlos weite Himmel mit geballten Wolken, die sich immer zu neuen Formen zusammenballten und auseinanderflossen. Das junge Laub, die jungen Schäfchen, das Muhen der Kühe, dazu der Klang der Kirchenglocken, das alles kennst Du genausogut wie ich, denn wir gingen diesen Weg oft:

„Ob der Frühlings-, der Sommer-, der Winterwind weht,
ob die Blumen blühen – das Schweigen vergeht...“

Wie wir ja viele Wege, lange Wege, schöne und schwere Strecken zusammen gingen, in Freud und Leid, in Hoffnung und Schmerz, in Eintracht und auch in Verlorenheit. Wenn ich nun also zu diesem Buch, welches ja wieder von Deinen oder eben von den Puppen handelt, von der Herstellung, vom Ursprung und vielleicht auch noch nach dem Grund fragt und rätselt, der sie zu etwas Einmaligem machte, ein paar Worte schreiben soll, so befällt mich ein Schatten der Trauer, daß der Mensch „Käthe“ eingedeckt, ja fast erstickt wird, von eben diesen Puppen! Denn Du kamst ja auch einmal als nacktes, kleines Bündel auf diese Welt und hattest, wenn man es richtig bedenkt, keinen guten Start, keine Feen an der Wiege. Deine Mutter muß eine geschickte Näherin gewesen sein, denn sie ernähte Dir eine gute Schulausbildung, dann die Schauspielstunden, um Dich letzten Endes 17jährig in Dein erstes Engagement nach Berlin ans Lessingtheater für 250 Mark Gage pro Monat (in den Sündenpfuhl!) reisen zu lassen. „Ein märchenhafter Sprung“ wie Du Dich immer ausdrücktest. Was aber erst für eine märchenhafte Zeit an der Seite unseres Vaters.
Was für ein Umschwung von der armseligen Nähstube Deiner Mutter in die freie Welt der Künstler, um die Jahrhundertwende. Wie pulsierte das Leben am Stammtisch, im Kaffee des Westens in Berlin, wenn man nur all die Namen der Geister hört, die sich da zusammenfanden und die Welt aus den Angeln heben wollten: der junge Gerhart Hauptmann, Max Reinhardt, Walter Leistikow, Gabriele Reuter, Ernst Mühsam und eben Max Kruse!
Dir war das Glück der sagenhaften Liebe beschieden, die das „Gebenwollen“ als täglichen Impuls empfindet und aus diesem Wunsch des „Nur-Lieben-wollens“ entstand, unbewußt im Geist, unbewußt jedes kommerziellen Hintergedankens, die Puppe zum Lieben, die Puppe zum Liebhaben, die Puppe als Trost für manchen Schmerz im kindlichen Herzen. Und als wir Dich zu Grabe trugen, Käthchen, da war kein Unbill, kein Tuscheln, nur Trauer und Dank von unendlich vielen Puppenmüttern. Was für ein Sieg!

Käthe Kruse im Alter von 80 Jahren mit drei ihrer Urenkelchen, Dana, Oliver und Uwe.

Puppe IH als Holländermädchen im Nationalkostüm.

Für Auskünfte und die Überlassung historischer Unterlagen dankt die Autorin und der Verlag insbesondere Frau Sofie Rehbinder-Kruse, Frau Johanna Adler-Kruse, Herrn Heinz Adler, Geschäftsführer der Käthe Kruse Puppen GmbH, Donauwörth, sowie Frau Biemann, Frau Kühn und Frau Vogelsang.

Autorin: Lydia Richter
Konzeption, Layout, Textbearbeitung: Joachim F. Richter
Fotonachweis: Alle neuzeitlichen Farbaufnahmen Lydia Richter, außer Seite 3: Torsten Rehbinder; Seiten 28, 29, 30, 43, 72, 77 oben, 83 oben, 90, 92, 93, 96, 97: Joachim F. Richter; Seite 98: Käthe Kruse; Seiten 99, 104, 105 unten, 106 oben, 108 links unten: Sofie Rehbinder-Kruse; Seiten 71, 81: Hanne Adler-Kruse; Seiten 106 unten, 109: Jochen Kruse; Seite 89: A. C. Borgé; historische Fotografien in Schwarzweiß und Farbe: Archiv der Familie Kruse; Archiv- und Werkfotos (Prospekte) der Käthe Kruse Puppen GmbH; Privatarchiv Richter.

3. Auflage 1985

Satz: Team-Druck, München.
Lithos: Fotolito Longo, Frangart (Italien).
Druck und Bindung: Passavia, Passau.

ISBN 3-87467-239-5 Printed in Germany

Inhalt

Bekenntnis zu Käthe Kruse 6
Käthe-Kruse-Puppen: eine Herausforderung an die Porzellankopfpuppen 8
Käthe-Kruse-Puppen: Charakterpuppen? 8
Menschenpuppen: ein Kind für das Kind 12
Die kleinen Menschlein 12
Eine Frau macht Puppengeschichte! 16
Puppe I 28
Puppe II: «Das Schlenkerchen» 38
Puppe V und Puppe VI: «Das Träumerchen» und «Du Mein» 42
Das weltbekannte «Sandbaby» 43
Puppe VII «Die kleine, billige Käthe-Kruse-Puppe» 48
Puppe VIII: «Das Deutsche Kind» 50
Puppe IX: «Das kleine Deutsche Kind» 57
Puppe X: «Die kleine Käthe-Kruse-Puppe» 60
Puppe XII: «Das Hampelchen» 60
Sammelkriterien: Zehn goldene Regeln für historische Käthe-Kruse-Stoffpuppen von 1910 bis 1955 64
Selbst restaurieren? 67
Die Neuzeit: Käthe-Kruse-Puppen alter Kopftypen nach 1955 68
Ende der alten Nummern und Namen 70
Beschreibung der nach 1950 produzierten Puppen «Modell Käthe Kruse» 70
Käthe-Kruse-Puppen: «Modell Hanne Kruse» 80
Beschreibung der Käthe-Kruse-Puppen «Modell Hanne Kruse» 84
Die Käthe-Kruse-Werkstätten heute 94
Friedebald-Geschichten 98
Käthe-Kruse-Schaufensterpuppen 102
Register 112

Puppe IH als Junge in Holländertracht, wie sein Schwesterchen auf gegenüberliegender Seite.

Bekenntnis zu Käthe Kruse

Schon lange bevor ich mich den Käthe-Kruse-Puppen zuwandte, um ihre Vergangenheit zu erforschen, habe ich mich mit Porzellankopfpuppen beschäftigt, sie gesammelt und sie in Büchern veröffentlicht. Werde ich aber gefragt, welchen Puppen meine besondere Zuneigung gehört, so muß ich ganz ehrlichen Herzens ein Liebesbekenntnis für die Käthe-Kruse-Puppen abgeben. Für mich sind auch die Jüngsten von ihnen, die derzeit die Donauwörther Kruse-Werkstätten verlassen, die schönsten Spielpuppen, die heute in Deutschland hergestellt werden. Um wieviel mehr verzaubern mich aber die frühen Käthe-Kruse-Puppen, wie ist das Phänomen der «Liebe auf den ersten Blick» zu erklären, wie die Faszination dieser Puppenkinder zu beschreiben? Ganz sicher ist es ihre schlichte Anmut und menschenähnliche Natürlichkeit, die mich zutiefst anrühren. Kruse-Puppen haben das gewisse Etwas, sie sind so herzig, daß man den Wunsch verspürt, sie in den Arm zu nehmen, zu drücken und lieb zu haben.
Käthe Kruse hat die ideale Puppe erfunden! Material und Machart waren die Voraussetzungen für die Spielfreundlichkeit der Puppen, ihre Schönheit und Ausstrahlung der Schlüssel zu den Kinderherzen. Ob Käthe Kruse wohl je der Gedanke gekommen ist, daß nicht wenige dieser Kinder später als Erwachsene und Mütter ihre Liebe und Zuneigung zu diesen Puppen wiederentdecken und sie enthusiastisch sammeln würden, daß andere, denen in ihrer Kindheit diese bezaubernden Puppen versagt geblieben sind, heute auf eine nützliche Anschaffung oder ein Vergnügen verzichten, um sich an einer echten Käthe-Kruse-Puppe oder gar einer Sammlung erfreuen zu können? Vielleicht ist dies das schönste Geschenk, das wir Sammler und Bewahrer jener kleinen Kunstwerke dieser außergewöhnlichen Frau zum 100. Geburtstag machen können. Wir alle erfreuen uns ja nicht nur am Besitz unserer Puppen, wir restaurieren sie, wir kleiden sie (möglichst originalgetreu) ein, stellen sie auf Messen aus und publizieren sie in Zeitschriften, Kalendern und Büchern. Die Käthe-Kruse-Puppe hat die Welt des Kindes und auch der Erwachsenen bereichert. Sie hat viel Glück und Freude weit über die Grenzen unseres Heimatlandes hinaus vermittelt und hat Käthe Kruse unvergeßlich gemacht. Gerade die kleinen, liebenswerten Dinge im Leben sind es ja, die unseren Alltag verschönen. Dafür ist Käthe Kruse von groß und klein zu danken. Ihrem Andenken ist dieses Buch gewidmet.

LydiaRichter

Käthe Kruse umgeben von ihren Puppenkindern, porträtiert als 70jährige.

Käthe-Kruse-Puppen: eine Herausforderung an die Porzellankopfpuppen

Mit Erscheinen der ersten Käthe-Kruse-Puppen im Jahre 1910 begann ein neues Zeitalter in der Geschichte der Puppenwelt. Als Mutter wußte Käthe Kruse, daß eine Puppe nur dann vom Kind geliebt werden kann, wenn sie so natürlich geschaffen ist, wie das Kind selbst. «Ein Kind für das Kind» war einer ihrer Wahlsprüche. Das bedeutet, daß die Puppe außer einem kindähnlichen Gesicht auch aus einem Material beschaffen sein mußte, das sich weich und warm anfühlen lassen konnte.
In Illustrierten-Interviews sagt sie treffend: «Meine Puppen leben, weil sie kleine Kinder sind, die man lieben muß. Die Vereinigung von Primitivität und Natürlichkeit ist das Geheimnis meiner Puppen!»
Ihre Puppen waren also vom Geist einer neuen Philosophie getragen, beeinflußt durch die 5 Jahre, in denen sie Puppen für ihre eigenen Kinder gemacht hat.
In jener Zeit war das Angebot von Porzellankopfpuppen übermäßig groß. Sie erlebten ab 1860 eine ungeahnte Hochkonjunktur, die bis etwa 1915 anhielt. Mit ihnen begann die industrielle, serienmäßige Herstellung von Spielpuppen mit Produktionszahlen von mehreren Millionen Stück pro Jahr. Im Gegensatz zu ihren direkten Vorläufern, den Wachspuppen, die oft durch das Spielen abgeplatzte Nasen, Sprünge und häßlich abstoßende Gesichter hatten, waren die Porzellankopfpuppen lieblich anmutig, teils verklärt schön. Im Laufe der Jahrzehnte perfektionierte man sie und gab ihnen einen drehbaren Kopf, eine Perücke, Glasschlafaugen, eine bewegliche Zunge, eine Mamastimme, einen mobilen Gliederkörper, einen automatisierten Bewegungsablauf und vieles mehr. Des allzu lieblich Süßen überdrüssig, wurde dann auch 1910 die Charakterpuppe vorgestellt, voran das sogenannte «Kaiser-Baby» von Kämmer & Reinhardt. Trotz dieser Besinnung, dem Kind natürliche Puppen als Spielgefährten anzubieten, hafteten auch diesen die gleichen nachteiligen Kriterien an wie ihren Geschwistern, den Schönlingen: Ihr Porzellan war leider zerbrechlich, es war steif und kalt, die Glieder der Körper quietschten und klapperten. All diese negativen Eigenschaften hat Käthe Kruse konsequent vermieden, indem sie eine Stoffpuppe entwickelte, die dem liebevoll kosenden Spiel der Puppenmutter ebenso entgegenkam, wie sie der emotionsentladenden, derben und nicht selten strafenden Behandlung der Kinder gewachsen war. Ihre Puppen waren eine echte Herausforderung an die Porzellankopfpuppen und ihre Hersteller.

Käthe-Kruse-Puppen: Charakterpuppen?

Das Ende der fünf Jahre, in denen Käthe Kruse von 1906 bis 1910 Puppen für den Hausgebrauch ihrer eigenen Kinder machte, ist zugleich der Anfang der berufsmäßigen Fertigung ihrer realistischen, dem lebenden Kind an Natürlichkeit ähnlichen Puppe, die der damaligen Vorstellung von einer sogenannten Charakterpuppe bzw. Künstlerpuppe entsprach. Im selben Jahr, 1910, kam, wie erwähnt, der Begriff der Charakterpuppe mit Erscheinen des «Kaiser-Babys» auf.
Parallel und doch ganz unabhängig von Käthe Kruse arbeiteten aber auch noch andere Künstlerinnen an der Verwirklichung einer realistischen Puppe. Da ist vor allem Marion Kaulitz mit ihren Künstlerpuppen zu nennen, die sie erstmalig auf der Münchener Kunstgewerbeausstellung des Jahres 1908 vorgestellt hat. Sie wurden als neue Idee gefeiert und vom Puppenhistoriker Max von Boehm als individuell und charaktervoll, mit kindlicher Anmut, hervorgehoben. Und doch waren sie zu sehr Kunstgegenstand, begeisterten Kunstsachverständige und Erwachsene, am wenigsten aber die Kinder, für die sie ja bestimmt waren. Der große Erfolg blieb Marion

Kaulitz versagt, der erste Weltkrieg muß ihr große wirtschaftliche Sorgen bereitet haben. In einem uns vorliegenden Brief, den Frau Lilli B. aus Neubabelsberg am 29. 12. 1915 an Käthe Kruse schrieb, heißt es u. a.: «Liebe Frau Kruse... Überall und überall sehe ich Käthe-Kruse-Puppen! Ich werde mich nächstens bei Ihnen um die Stelle eines Compagnons bewerben. Ich habe an Weihnachten der armen Kaulitz drei Puppen abgekauft (Frau M... machte mich auf sie aufmerksam), die Ärmste hatte aus Not um das tägliche Leben einen Selbstmordversuch gemacht...»
Sodann ist Margarete Steiff zu nennen, weltbekannt durch ihre Steiff-Tiere. Sie stellte anläßlich der Leipziger Messe 1907 Steiff-Puppen aus Filzstoff mit weichgestopften Körpern vor. Auch sie bevorzugte das natürliche Kindergesicht, erregte aber vor allem mit ihren Karikaturpuppen große Aufmerksamkeit. Sie waren lustig anzuschauen, kamen aber auch nicht im entferntesten dem Spieltrieb der Kinder so entgegen, wie dies bei Käthe-Kruse-Puppen der Fall war. Schließlich nahm man sie aus der Produktion, sie gerieten schon bald in Vergessenheit.
Welche Puppen auch immer den Spielzeugmarkt jener Jahre belebt haben mögen, Käthe Kruse ging ihren ganz eigenen Weg, schuf einen neuen, eigenständigen Puppentyp und eine ebenso neue Herstellungsmethode. Ohne an eine kommerzielle Nutzung überhaupt zu denken, erfand sie durch das Hobby des Puppenmachens das Ideal einer Spielpuppe.

In der Puppenschule.

Zwei Puppen I auf einer Fotopostkarte: «Mutterglück!».

Käthe-Kruse-Postkarte von Puppe I: «Einkaufsbummel».

Menschenpuppen: ein Kind für das Kind

Die positiven Eigenschaften der Käthe-Kruse-Puppen fanden von Anbeginn publizistisch starke Beachtung, so daß diese «gute Presse» ganz wesentlich zum schnellen Erfolg und Durchbruch der Käthe-Kruse-Puppen beigetragen hat. Eine unschätzbare Starthilfe, denn die Mittel für eine aufwendige Werbung standen ihr ja nicht zur Verfügung. Ein Artikel im Berliner Tageblatt, Frauenspiegel, vom 19. 9. 1933, setzte sich sehr spät, dafür aber in sehr treffender Weise mit den Porzellankopfpuppen und dem positiven Wandel des Spielzeugs «Puppe», der durch die Käthe-Kruse-Puppen ausgelöst wurde, auseinander. Das Fazit lautet: «Eines Tages wurde das alles anders. Käthe Kruse erfand die Menschenpuppen. Zuerst lagen sie nur in wenigen Schaufenstern. Man staunte und konnte sich kaum erklären, warum nicht schon früher ein natürlicher Mensch auf diese natürliche und naheliegende Idee gekommen war. Babys, die nun wie richtige kleine, gar nicht immer vorbildlich schöne Menschenkinder aussahen, größere, die man anfassen konnte, ohne zu fürchten, daß sie sofort kaputt gingen. Käthe Kruse hat ihre große und geniale Idee selbst verwirklicht. Sie hat die Kinder an einer Bewegung teilnehmen lassen, die eine ganze Generation von Erwachsenen in Atem gehalten hat: der Kampf gegen das Unrechte und Verlogene, die Abrechnung mit dem Kitsch. Sie hat den Anfang zu einer vollkommenen Umstellung in der Bewertung von Kinderspielzeug gemacht.»

Die kleinen Menschlein

«Wer seinem Kind eine Puppe schenkt, bereitet ihm dauernde Freude, ohne Enttäuschung, denn die Käthe-Kruse-Puppen sind beste Handarbeit, ganz aus wasserdichtem Stoff gefertigt. Die Stoffgesichtchen sind mit Wasser und milder Seife zu waschen, wobei nur Reiben zu vermeiden ist. Diese künstlerisch schönen Puppen sind also auch hygienisch einwandfrei. Sie sind jederzeit wieder zu reparieren, so daß das Kind seine ganze Jugend mit ihnen verlebt. Die Käthe-Kruse-Puppen entsprechen einem dringenden Erfordernis unserer Zeit...». Diese Werbeaussage der Kruse-Werkstätten ist heute fast 60 Jahre alt, charakterisiert aber treffend und überzeugend das, was diesen Puppentyp aus Stoff weltberühmt gemacht hat. Dennoch scheint das oben Gesagte eine Untertreibung zu sein, denn es beschränkt sich weitgehend auf das Material und die Machart – auf die Realisierung einer spielfreundlichen Puppe. Eine Maxime, die sich Käthe Kruse in den Experimentierjahren von 1905 bis 1910 zur Aufgabe gemacht hat. Mindestens genauso wichtig wie das Praktische dieser Puppen, ist aber die Tatsache, daß Käthe-Kruse-Puppen im Nu die Herzen der Kinder und fast wie selbstverständlich auch die der Mütter erobert haben. Kein Wunder, daß nicht selten von den «kleinen Menschlein» die Rede ist, will man ihre Ausstrahlung, ihr Charakteristikum skizzieren oder verständlich machen.

Zu allen Zeiten hat man aber auch Käthe-Kruse-Puppen als künstlerisches Erzeugnis gepriesen und geschätzt, denn sie wurden und werden weitgehend kunsthandwerklich hergestellt. Das aber, was nach dieser sorgfältigen Herstellungsmethode die Kruse-Werkstätten verläßt, ist auch heute noch eine Puppe mit künstlerischem Niveau. Mit Recht wurde viele Jahre von Künstlerpuppen gesprochen, wenn es um Käthe-Kruse-Puppen ging. So beispielsweise 1930 im Spielzeugkatalog der Firma Niessner, Wien.

Dieses Foto eines Pärchens der Puppe I entstand noch vor dem Ersten Weltkrieg.

Arrangements der Puppe I auf Käthe-Kruse-Postkarten.

«Der verlassene Ehemann» ist diese besonders herzige Postkarte von Puppe I betitelt.

Eine Frau macht Puppengeschichte!

Keine schöne Jugend

Am 17. 9. 1883 in Breslau geboren, hatte Katharina Simon, wie Käthe Kruse mit Mädchennamen hieß, nach ihren eigenen Worten keine schöne Jugend. In einer kleinen Wohnung erlebte sie die Armut jener Jahre, das bescheidene Dasein im «Kleine-Leute-Milieu». Ihre liebevolle und sorgsame Mutter ernährte sie mit Nähen bis tief in die Nacht. Das traute Familienglück mit ihrem Vater lernte sie nicht kennen. Kindheit und Jugend fanden ihr Ende, als sie die Mädchen- und Mittelschule in der Tauentzienstraße zu Breslau verlassen hatte. Sie wollte Schauspielerin werden. Mit sechzehn Jahren begann sie zielstrebig bei Otto Gerlach vom Breslauer Stadttheater Schauspielunterricht zu nehmen. Ihre Vorliebe fürs Theater entdeckte sie allerdings schon einige Jahre früher, als sie nämlich von Tante Paula und Onkel Robert allmonatlich ins Lobe-Theater mitgenommen wurde. Aufführungen von Gerhart Hauptmann, Strindberg und anderen beeindruckten sie so sehr, daß schon damals ihr Entschluß geprägt wurde.

Nach knapp eineinhalb Jahren Schauspielunterricht nahm sie Otto Neumann-Hofer mit nach Berlin, wo sie im Lessing-Theater einen Vertrag mit der beachtlichen Monatsgage von 250,– Mark erhielt. Mit 17 Jahren begann so ihre Karriere als festengagierte Schauspielerin, sie ließ ihre Mutter nach Berlin kommen und legte sich den Künstlernamen Hedda Somin zu. Schon bald erhielt sie anspruchsvolle Rollen und Gastspiele in Warschau und Moskau.

Zwei Porträtstudien von Käthe Kruse, 39- und 40jährig.

Max Kruse veränderte ihr Leben

Längst schon hatte sich Berlin angeschickt, Deutschlands Kunstmetropole Nummer 1 zu sein. Hier lebten und wirkten viele der großen Schauspieler und Künstler. Einer von ihnen war Max Kruse, Jahrgang 1854, der bereits in jungen Jahren mit seinen Arbeiten als Bildhauer auf sich aufmerksam machte. Für seinen «Siegesboten von

Marathon» wurde er 1881 mit der kleinen Goldmedaille ausgezeichnet. Sein Ruhm begründete sich u. a. auf Porträtbüsten vieler Künstler, auf Erfindungen und Bücher. Ihn, den nun bereits 47jährigen, lernte Katharina Simon, alias Hedda Somin, im Jahre 1902, also erst 19jährig kennen. Das Schicksal führte zwei Menschen zusammen, die der Kunst huldigten und die gleichzeitig menschlich tiefe Zuneigung füreinander empfanden. Dennoch erklärte sie ihm, daß sie zwar Kinder haben möchte, nicht aber heiraten wolle. So entwickelte sich eine moderne Lebensgemeinschaft, die später zur Eheschließung führte.

Mimerle und Fifi

Ihr Wunsch nach Kindern ging schon bald in Erfüllung, und so brachte sie am 2.12.1902 Maria zur Welt: «Das Mimerle», ein Kosename, den später auch Käthe-Kruse-Puppen tragen sollten.

Als das zweite Kind erwartet wurde, meinte Max Kruse, daß für Mutter und Kinder die Großstadt Berlin nicht der rechte Ort sei, um sich entwickeln zu können. Während er sein Atelier in Berlin behielt, sollte sie auf die Suche nach einem neuen Zuhause gehen. Theoretische Pläne zugunsten Paris, Wien, London oder Griechenland wurden von Tag zu Tag ebenso neu geschmiedet wie verworfen. Schließlich wurde die Schweiz das Land der Wünsche, und Max Kruse brachte Kind und Lebensgefährtin zunächst im Sanatorium Oberwaid unter, wo 1904 die zweite Tochter, Sofie, genannt Fifi, geboren wurde.

Ascona

Nach diesem Zwischenaufenthalt in Oberwaid wurde für einige Jahre Ascona das Domizil von Käthe Kruse und ihren beiden Töchtern. Und in der Tat, in dieser eindrucksvollen Natur, der so friedvollen ruhigen Welt, konnte sie sich entfalten. Sie entdeckte das Malen und fand mit ihren ersten Aquarellen große Anerkennung bei ihrem kritischen Max, schrieb philosophische Betrachtungen und hatte Freude am Fotografieren. Max Kruse kam oft aus Berlin zu Besuch, gemeinsame Ausflüge wurden veranstaltet. Ihre Mutter, seinerzeit von Breslau nach Berlin geholt, wurde auch in die Schweiz mitgenommen. Die klare Höhenluft dieser Gegend tat der Kranken gut, die dann aber im Februar 1906 für immer abberufen wurde.

Die «Kartoffelpuppe»

Aufmerksam beobachtete das dreijährige Mimerle, wie sich seine Mutter um die jüngere Schwester Fifi tagein, tagaus liebevoll bemühte. Sie wollte es dem erwachsenen Vorbild gleichtun und wünschte sich von ihrem Vater zum bevorstehenden Weihnachtsfest des Jahres 1905 auch «so ein Kind». Käthe Kruse (so heißt sie allerdings erst ab 1905) schrieb es ihm nach Berlin, doch fand er nicht das, was seinen Vorstellungen entsprochen hätte. Die angebotenen Puppen aus Porzellan schienen ihm zu wenig kindgerecht, zu steif, zu hart, kalt und vor allem zu zerbrechlich. Deshalb machte er ihr den Vorschlag, sie solle Puppen selbermachen. Das war für sie eine Gelegenheit, sich künstlerisch selbst zu verwirklichen. Der recht autoritär klingende Auftrag, «Macht Euch selber welche!», war somit für Käthe Kruse eine reizvolle Aufgabe, er veränderte ihr Leben, sie wurde Puppenmacherin. Zunächst freilich nur für ihre eigenen Kinder.

Bis zu dem, was wir uns heute unter einer Käthe-Kruse-Puppe vorstellen, war es verständlicherweise ein langer Weg. Für ihr Erstlingswerk verwendete sie ein Handtuch, das sie in der Mitte mit heißem Sand füllte, machte an den Ecken Knoten – das waren die Arme und Beine –, um dann schließlich in die Mitte der Längsseite eine Kartoffel einzubinden. Sie war der Kopf, dessen Augen, Mund und Nasenlöcher mittels abgebrannten Streichhölzern markiert wurden.

Käthe Kruse berichtet, daß ihr Mimerle diese Puppe «abgöttisch» geliebt hat und beobachtete, daß es vor allem das Gewicht, die schlenkrigen Arme und Beine waren, die es ihr besonders angetan haben. Attribute, die für das erst viele Jahre später geschaffene «Träumerchen», das sogenannte «Sandbaby», von großer Bedeutung waren. Mimerle aber wurde mit ihrer Kartoffelpuppe zur ersten «Käthe-Kruse-Puppenmutter».

Von Puppe zu Puppe

Eine Puppe obiger Machart konnte nur ein kurzlebiger Versuch, ein Anfang sein, denn bald war die Kartoffel dahin, der Sand rieselte aus dem provisorisch gefertigten Bäuchlein, und die Form von Kopf und Körper befriedigte auch nicht. Bald mußte deshalb etwas Neues, Stabileres gemacht werden, denn auch die zweijährige Fifi wollte, wie ihre Schwester, mit einer Puppe spielen.

Als Material verwendete Käthe Kruse Nessel für den Körper, und für den Schnitt benutzte sie den Gipsabdruck vom segnenden Christusknaben des Verocchio. Zusammengenäht und mit Sägespänen gefüllt, war Fifis innig geliebter «Oskar» geboren. Aber ihm rieselten durch Nähte und Ritzen die Sägespäne, und bald war auch er das Opfer eines natürlichen Verschleißes.

Der Wunsch, neue Puppen anläßlich von Geburtstagen und Festlichkeiten zu schenken, hielt an, die Versuche, für die Mädchen bessere, haltbarere und schönere Puppen zu machen, gingen weiter. Auf dem Weg zur Vervollkommnung ihrer hausgemachten Puppen bereitete ihr zwar die Nase besondere Schwierigkeiten, doch waren langsame Fortschritte unverkennbar.

Ende der Wanderjahre

Nach ihrem mehrjährigen Aufenthalt in Ascona verbrachte Käthe Kruse noch kurze Zeit in Neukirchen, wo im Juni 1909 ihre dritte Tochter, Johanna, meistens Hannerle oder Hanne genannt, geboren wurde. München und Hiddensee waren 1909 und 1910 weitere Zwischenstationen, um dann endlich den Wunsch von Max Kruse nach einem bürgerlichen Familienleben zu erfüllen. Nach fünf Jahren waren sie nun zusammen in Berlin. Die Familie Kruse bezog im Künstlerhaus der Fasanenstraße eine Wohnung im dritten Stock, in jenem Haus, in dem sich seit Jahren das Atelier von Max Kruse befand. Hier setzte Käthe Kruse ihre Puppenexperimente fort, was sich in Berliner Kreisen immer mehr herumsprach.

Das große Ereignis

Ein in München erworbener Fiamingokopf war ein weiterer Baustein auf dem Weg ihrer Versuche. Käthe Kruse bezog den Kopf mit Stoff, goß die Stoffhülle mit Wachs aus und erhielt so Fiamingoköpfe, die sie bemalt hat. Auch wenn diese Puppen noch unvollkommen waren, so waren sie doch ein weiterer Schritt zur späteren Käthe-Kruse-Puppe. Im selben Jahr, man schrieb 1910, wurde Käthe Kruse vom Warenhaus Hermann Tietz in Berlin eingeladen, an einer Ausstellung «Spielzeug aus eigener Hand» teilzunehmen. Offensichtlich glaubte man, sie könnte die Puppen ausstellen, die sie für ihre Kinder gemacht hat. Das aber wäre nicht sinnvoll gewesen, denn sie hatten ja durch das Spielen entsprechende «Schönheitsfehler».

So mußten neue Puppen gemacht werden, bei denen sich ihr wieder die Nasen als schier unüberwindliches Hindernis «in den Weg stellten». In dieser Bedrängnis stieg nach ihren eigenen Worten Max «von dem hohen Thron seiner Kunst herab zu den Niederungen meiner kleinen Probleme und half sie lösen».

Das leibhaftige Ergebnis dieser Kooperation wurde nun auf der Ausstellung «Spielzeug aus eigener Hand» präsentiert. Die Käthe-Kruse-Puppe war geboren! Sie wurde viel bewundert und betrachtet. Zeitungs- und Zeitschriftenartikel waren des Lobes voll über diese unzerbrechliche, abwaschbare Stoffpuppe mit so überaus natürlichen und kindlichen Zügen.

Kommerzielles Interesse

Zu ihrer eigenen Überraschung suchten sie begeisterte Mütter in ihrer Berliner Wohnung auf, um sie zu bitten, auch für ihr Kind eine solche Puppe zu machen. Damit nicht genug, auch kommerzielles Interesse war geweckt worden.

Das Zeitungsecho auf die Ausstellung «Spielzeug aus eigener Hand» rief Handel und Fabrikanten der Spielzeug- und Puppenbranche auf den Plan. Alle begannen sich plötzlich für die neue Puppe zu interessieren, waren dann aber enttäuscht, als sie feststellten, daß diese Puppe gemalte Augen statt der allseits beliebten Glas-Schlafaugen hat. Dasselbe gilt für die gemalten Haare, hatte man sich doch bei den Porzellankopfpuppen längst schon an die schmeichelhaften Echthaarperücken gewöhnt. Hinzu kam, daß Käthe Kruse bewußt auf Kugelgelenke verzichtet hat. Auch daß der Kopf fest angenäht und nicht drehbar war, mißfiel den kritischen Betrachtern. Dennoch, alle spürten, daß hier etwas anderes entstanden ist und daß eine Puppengeneration neuen Stils, neuer Philosophie den Horizont verändern würde.

Käthe Kruse blieb trotz vieler gutgemeinter Ratschläge unbeirrt, denn so wie sie ihre Puppe konzipiert hatte, entsprach sie ihren Vorstellungen von optimaler Spielfreundlichkeit.

Kämmer & Reinhardt macht die ersten fabrikmäßigen Käthe-Kruse-Puppen

Das geschäftsmäßige Interesse an ihrer Puppe verändert über Nacht das Leben von Käthe Kruse, denn sie wollte sich verständlicherweise nicht durch Plagiate um die Frucht ihrer Erfahrung und Arbeit bringen lassen. So reifte der Entschluß, ihre Puppen einem größeren Publikum zugänglich zu machen. Aber wie, war die alles entscheidende Frage, denn über eine eigene Werkstatt verfügte sie ja nicht. Das Naheliegendste wurde getan und mit einem der großen Fabrikanten der Puppenbranche wegen Übernahme der Produktion gesprochen. Schließlich konnte schon im Dezember 1910 ein diesbezüglicher Vertrag mit der renommierten Puppenfirma Kämmer & Reinhardt in Thüringen geschlossen werden. Facharbeiter dieses Hauses wurden zu Käthe Kruse nach Berlin entsandt, um die Technik der handwerklichen Herstellung von Kopf und Körper kennenzulernen; ein recht schwieriger Lernprozeß.

Auch wenn sich die Mitarbeiter von Kämmer & Reinhardt viele Erfahrungen zunutze gemacht hatten, so gelangen die Puppen doch nicht so, als daß sie Käthe Kruse hätten gefallen können. Auch der Handel war von diesen Puppengeschöpfen, die nicht richtig stehen konnten, breite flunderartige Körper und blaue, gemalte Augen hatten, wenig angetan. Die zwangs-

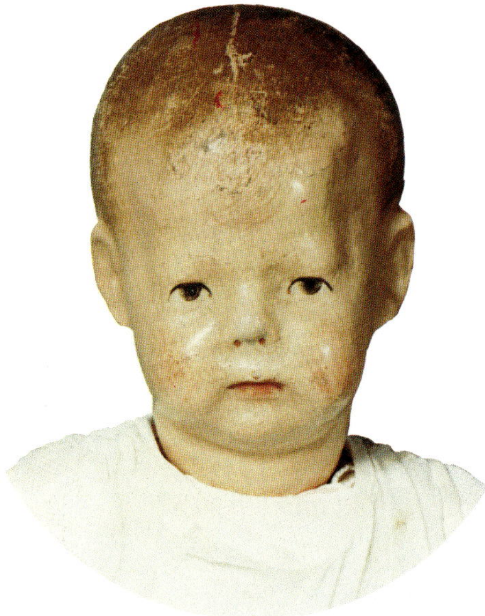

Bei dieser im Jahre 1911 gefertigten Puppe I handelt es sich um eines der seltenen Exemplare, die Kämmer & Reinhardt in Lizenz hergestellt hat.

läufige Folge war ein reger Briefwechsel zwischen Käthe Kruse und Kämmer & Reinhardt, der schließlich auch nicht zu dem gewünschten Ergebnis führte. Der gerade erst geschlossene Vertrag wurde wieder aufgehoben, die Rechte an den Puppen wurden auf Käthe Kruse zurückübertragen, und sie zahlte die dicke Lizenzsumme von 5.000,– Mark, die sie bei Vertragsabschluß erhalten hatte, wieder zurück.
So wurden bei Kämmer & Reinhardt nur wenige Monate des Jahres 1911 Käthe-Kruse-Puppen hergestellt. Kein Wunder, daß nur sehr selten Exponate dieser Herkunft auftauchen. Wie und woran man sie erkennt, wird an anderer Stelle noch beschrieben.

Amerika brachte die Wende

Der Versuch, Käthe-Kruse-Puppen bei einem Fabrikanten produzieren zu lassen, war also gescheitert, der Blick in die Zukunft mit neuen Perspektiven getrübt. In dieser Situation, es war Herbst des Jahres 1911, kam die große Wende: Ein Telegramm aus Amerika flatterte auf den Tisch, mit dem 150 Käthe-Kruse-Puppen, die bis 8. 11. 1911 zu liefern waren, bestellt wurden. Käthe Kruse war fest entschlossen, den Auftrag auszuführen und die Puppen selber zu machen. Der Wettlauf mit der Zeit begann, die Wohnung in der Berliner Fasanenstraße wurde zur provisiorischen Puppenwerkstatt umfunktioniert. Selbst Tag und Nacht arbeitend, gingen ihr Heimarbeiterinnen beim Nähen und Stopfen der Puppenbälge zur Hand. Nicht ganz freiwillig half ihr Max Kruse beim «Drücken» der Puppenköpfe. Form und Masse gab sie ihm in die Hand, bis er Puppenkopf auf Puppenkopf vollendet hatte, so daß er zur Zentralfigur der ersten Fertigung der Käthe-Kruse-Puppen wurde.
Schließlich war es dann soweit, und die 150 «Amerikaner» konnten pünktlich verschifft werden. Die erste Lieferung echter handgefertigter Käthe-Kruse-Puppen schaukelte auf den Ozeanwellen des Atlantiks in die Neue Welt. Von welch glücklichen Gefühlen einer Käthe Kruse waren sie wohl begleitet? Erschöpft ruhte sich Käthe Kruse aus, vielleicht ahnte sie, daß diese Pionierzeit zur schönsten in ihrem Leben gehören sollte.

Weitere 500 Puppen

Mit den nach Amerika gelieferten Puppen war ein großartiger Anfang gemacht, doch gab es auch eine peinliche Panne. Als nämlich Mimerle und Fifi einer neuen Puppe das Gesicht reinigten, waren plötzlich die Augen abgewaschen. Käthe Kruse erstarrte bei diesem Anblick und dachte entsetzt an die nach Amerika gelieferten Puppen. Aufgeregt bei ihrem Augenmaler nachforschend, gestand dieser, daß ihm bei der Arbeit die Ölfarbe ausgegangen sei und er statt dessen Tempera-Farben verwendet habe. Da ja noch Firnis darüberkam, glaubte er, daß die Farbe schon halten werde. Ein Teil der nach Amerika gelieferten Puppen war also mangelhaft, das Versprechen der «Abwaschbarkeit» nur zum Teil wahr. Eines Tages kam dann auch der Einkäufer des amerikanischen Importeurs nach Berlin, der sich über das fassungslose Verhalten der Käthe Kruse eher amüsierte als Minderungsansprüche geltend zu machen. Statt dessen erklärte er: «Wenn Ihre Puppen wirklich abwaschbar geworden sind, liefern Sie uns weitere 500 Stück!» Eine Sternstunde für Käthe Kruse!
Aus dem Familienleben dieser Zeit bleibt nachzutragen, daß ihr erster Sohn, ihr viertes Kind also, getauft auf den Namen Michael, in diesem ereignisreichen Winter des Jahres 1911 geboren wurde.

Eine eigene Werkstatt – irgendwo!

Nach dem erwähnten Auftrag weitere 500 Puppen nach Amerika zu liefern, entschied sich Käthe Kruse nun endgültig zum gewerbsmäßigen Puppenmachen. Die Ferti-

gung in der Berliner Wohnung konnte nur ein Provisorium gewesen sein, denn außer den Heimarbeiterinnen waren hier schon fünf Frauen und der Maler Beyer beschäftigt.
Im Jahre 1912 begann die (theoretische) Suche nach einer geeigneten Werkstatt an einem anderen Ort als in Berlin. Die Situation erinnerte an das Jahr 1904, als sie 21jährig nach Ascona ging, um dort einige Jahre zu leben. Diesmal war es nicht ganz so weit: Ihr neues Zuhause wurde Bad Kösen bei Naumburg a. d. Saale, jener Ort, an den früher die Mutter von Max Kruse des öfteren zur Erholung fuhr. Man erinnerte sich des Badestädtchens mit seinen heilenden Solquellen, als die Tochter Hannerle Keuchhusten bekam. So wurde Bad Kösen mehr oder weniger durch Zufall zum neuen Domizil von Käthe Kruse und ihrem aufzubauenden Betrieb.
Die Etage einer Villa in der Friedrichstraße 12 wurde gemietet und als Werkstatt eingerichtet. Käthe-Kruse-Puppen und Bad Kösen waren ab diesem Zeitpunkt eins, von hier aus gingen sie später in alle Welt. Bad Kösen wurde nun auch zur Geburtsstätte ihres fünften Kindes, ihres Sohnes Jochen, genannt Jockerle, im Winter 1912.

Es wurde doch geheiratet
Genau 10 Jahre nachdem sie sich kennengelernt hatten, also 1909, wurde geheiratet. Er 55jährig, sie 26 Jahre alt, schlossen sie eine Ehe, die 33 Jahre, nämlich bis an sein Lebensende, währte. Käthe Kruse selbst hatte zuvor das Heiraten verneint. Ein Sinneswandel beider Partner vollzog sich 1908, als ein Sohn tot geboren wurde (Käthe Kruse hat insgesamt 8 Kinder zur Welt gebracht). Wenn man dem Interview einer Illustrierten, das diese mit Käthe Kruse machte, Glauben schenken darf, hat Max Kruse zu ihr gesagt: «Wir müssen endlich

In beiden historischen Fotos aus dem Jahre 1911 werden kindliche Szenen mit Puppe I gezeigt.

heiraten! Wenn wieder ein Junge kommt, soll er's nicht in den Militärpaß kriegen, daß er keinen Vater hat!» Trotz Eheschließung war man aber weitgehend getrennt, denn während er nach wie vor sein Künstleratelier in Berlin unterhielt, leitete und betreute sie die inzwischen eingerichteten und groß gewordenen Werkstätten in Bad Kösen, die man nicht wieder so ohne weiteres umziehen konnte.

Lust auf ein bürgerliches Leben

Der eben geschilderte Zustand erfuhr schließlich eine Wende, als 1915 Max Kruses Schwester, Anna, in Dresden verstarb und Max die wertvollen Möbel seiner Eltern erbte. Ein Anlaß, um zu erklären, daß er schon geraume Zeit Lust auf ein bürgerliches Leben mit der Familie in einer gemeinsamen Wohnung verspüre. Und wieder einmal wurde diskutiert, wo denn dieses Zuhause sein solle. Nahe bei Berlin müsse es seiner Meinung nach sein, der Keuchhusten von Hannerle war längst überwunden, und so entschied man sich für Potsdam. In unmittelbarer Nähe von Schloß Sanssouci wurde eine Wohnung gefunden, die ihren Vorstellungen entsprach. Ideal war das Ganze trotzdem nicht, denn Käthe Kruse war ja an ihren Betrieb gebunden und mußte oft zwischen Potsdam und Bad Kösen hin und her pendeln. Inzwischen hinterließ der erste Weltkrieg seine Spuren, und das Ernährungsproblem wurde immer größer. So haben sich die Kruses dazu entschlossen, Potsdam wieder zu verlassen, um ab 1918 gemeinsam in Bad Kösen zu leben. Hier wurde 1918, kurz vor Ende des ersten Weltkrieges, der Sohn geboren, der den auf Frieden hoffenden Namen «Friedebald» erhielt und später das Modell für Puppe VIII, «Das Deutsche Kind», wurde. Im Jahre 1921 wurde ebenfalls in Bad Kösen der Sohn Max, das «Maxlbaby», wie Käthe Kruse das letzte ihrer sieben Kinder liebevoll nannte, geboren.

Max Kruse im Alter von 48 Jahren.

Das patentierte Skelettchen

Der patriotischen Zeit eines Soldatenkaisers, Wilhelm II, entsprechend und aus dem Verlangen des Fachhandels nach Soldatenpuppen, wurde 1915 der «kleine Soldat», eine ca. 10,5 cm große Puppe entwickelt. Unter der Bezeichnung «Potsdamer Soldaten» kamen für kurze Zeit nur wenige dieser realistischen Figuren in den Handel. Und doch war diese Puppe ein wichtiger Abschnitt in der Geschichte der Käthe-Kruse-Puppen. Für sie wurde nämlich ein Drahtskelettchen entwickelt und erfunden, das es ermöglichte, daß Arme, Beine und Körper gebogen und die Puppen somit in natürliche, menschenähnliche Haltungen gebracht werden konnten. Dieses Skelett im Körperinneren der Puppen fand später auch Verwendung bei den Puppenstubenpuppen, der Spielpuppe, dem «Schlenkerchen», dem «Träumerchen» und den Schaufensterpuppen; versuchsweise wurde es auch für Stofftiere benutzt. Von Max Kruse erfunden, wurde dieses Skelett am 13. 11. 1914 beim deutschen Patentamt auf seinen und den Namen seiner Frau zum Patent angemeldet. Die Patentschrift lautet u. a.: «...ein Modell, das sich zur Darstellung verschiedener Bewegungen und Haltungen des Menschen- oder Tierkörpers beliebig verwenden läßt...»

Puppenstubenpuppen

Vielen Freunden von Käthe-Kruse-Puppen wird es neu sein, daß sich Käthe Kruse in der Zeit von 1916 bis etwa 1925 auch mit kleinen Figuren für Puppenstuben befaßt hat. Sie haben stark ausgeprägte, modellierte Gesichter und Köpfe. Ihre stilvolle Kleidung aus Seide und anderen schönen Stoffen vollendet den Eindruck kleiner Kunstwerke. Als Körpergerüst verwendete man das Drahtskelettchen, das sich im Körperinneren vom «kleinen Soldaten» (s. oben) befand. Selbst die winzig kleinen Hände haben biegsame Finger, so daß sie beispielsweise eine Tasse aus dem Puppengeschirr, ein Spazierstöckchen oder ein Schirmchen halten können. Die etwa 14 bis 19 cm großen Puppenstubenpuppen kamen 1916 auf den Markt und haben dieser Puppenspezies einen neuen Stempel aufgedrückt. Käthe Kruse hatte erkannt, daß die angebotenen Figuren oft unproportioniert waren. Sie modellierte die Köpfchen dieser kleinen Puppenmenschen nach Porträtbüsten, die ihr Mann in früheren Jahren von seinen Angehörigen geschaffen hatte.
Infolge ihrer Fertigung von Hand und dem damit verbundenen Zeitaufwand wurden die Puppenstubenpuppen so teuer, daß keine großen Stückzahlen den Markt belebt haben. Schade, denn auch hier handelt es sich um kunsthandwerklich perfekte Puppen, ja Künstlerpuppen, von denen ganze Familien, Märchengruppen und solche, die bestimmte Berufsstände darstellten, das Angebot an Puppenstubenpuppen bereicherten.

Seltenes Exponat einer 1916 gemachten Käthe-Kruse-Puppenstubenpuppe in Originalseidenkleidung, 19 cm groß.

Ein weltbekannter Markenartikel aus Bad Kösen

Käthe-Kruse-Puppen erfüllen mit ihrer gleichbleibend hohen Qualität alle Voraussetzungen eines geschätzten Markenartikels. Die Fertigung wurde von Käthe Kruse und später von ihrer Tochter Sofie ständig überwacht, die Endkontrolle sehr ernst genommen. Ehrungen und Preise waren äußere Zeichen der Anerkennung für Schönheit und Qualität ihrer Puppen. So erhielt Käthe Kruse auf der Weltausstellung in Paris 1937 eine Goldmedaille.
Auf etwa 12.000 Puppen pro Jahr brachte man es in späteren Jahren nach traditioneller, handwerklicher Herstellungsmethode. Zu Kriegsbeginn 1939 war das Unternehmen auf 120 Mitarbeiter angewachsen, was auch auf den neuen Produktionszweig der Schaufensterpuppen zurückzuführen war.

Aber schon die Jahre zuvor platzte es aus den Nähten, und die gemieteten Räume in der Friedrichstraße in Bad Kösen wurden zu klein. So kaufte Käthe Kruse 1927 ein großes Schulgebäude. Von nun an kamen ihre Puppenkinder in den eigenen vier Wänden zur Welt. Natürlich fanden so manche dieser Geschöpfe, deren Nasen und Gesichter, Köpfe und Körper von ihren Puppenmüttern allzusehr geschunden wurden, eines Tages wieder den Weg zurück an den Ort ihrer Geburt, wo sie sich einer fachmännischen Kosmetik unterzogen haben.

Plagiate

Käthe Kruse mußte sich auch gegen Nachahmer ihrer Puppen wehren. Ein markanter Fall war der «Bing-Prozeß», der im Jahre 1925 in dritter Instanz vor dem Reichsgericht Leipzig zu ihren Gunsten entschieden wurde. Nachstehend geben wir dieses höchstrichterliche Urteil, das sich mit dem Wettbewerbsrecht auseinandersetzt, den Lesern dieses Buches zur Kenntnis:

Die Klägerin ist die Schöpferin und Herstellerin der «Käthe Kruse Puppen». Die Beklagte B. hat eine größere Anzahl «Künstlerpuppen» hergestellt und durch die Beklagte W. vertreiben lassen. Die Klägerin behauptet, diese Puppen seien minderwertige, auf Täuschung berechnete Nachahmungen der ihrigen. Sie hat unter Berufung auf das Kunstschutzgesetz, auf § 826 BGB und § 1 UWG Klage mit dem Antrag erhoben, die Beklagten zur Unterlassung des weiteren Vertriebs der Puppen und zur Auskunftserteilung über Zahl und Preis der bisher vertriebenen Puppen zu verurteilen.
Das Landgericht entsprach dem Klagantrag auf Grund des Kunstschutzgesetzes. Das Berufungsgericht wies die Klage ab. Die Revision der Klägerin hatte Erfolg.
Gründe:
Der Klaganspruch ist aus dem Rechtsgrunde des unlauteren Wettbewerbs jedenfalls begründet (Ges. vom 7. Juni 1909 § 1).
Die Käthe Kruse-Puppen werden von der Klägerin sämtlich in gleicher Größe und Gestalt (43 cm lang) aus wasserdichtem Nessel hergestellt. Der Kopf, nach dem Flamingokopfe bebildet, wird nach einer und derselben Preßform gefertigt. Durch Bearbeitung besonders beim Stopfen (mit Holzwolle), dann durch Bemalung (Gesichts- und Haarfarbe), schließlich durch eine auf die Bemalung abgestimmte Kleidung mit mannigfaltigen Trachten nach dem Beispiele menschlicher Bekleidungen verschiedener Zeiten, Lebensalter, deutscher und fremder Völker und Stämme, ergeben sich Unterschiede.
Auch die Beklagte B. macht Stoffpuppen. Auch sie versieht deren Rumpf mit dem gleichen nach einheitlicher Form ausgeführten Kopfe, der durch Bemalung kennzeichnende Verschiedenheiten empfängt. Auch sie stattet ihre Puppen mit mannigfachen Trachten aus, die sich nach Alter, Geschlecht, Volk, Stamm und Landschaft unterschiedlich bestimmen. Nur fertigt sie nicht, wie die Klägerin, eine, sondern vier Größen an, je um etliche Zentimeter Länge unterschieden und in den sonstigen Maßen dem Längenunterschied angepaßt.
Wohl sind in Einzelheiten, wie sich aus diesen Andeutungen ergibt, mancherlei Unterschiede zwischen den Puppen der Klägerin und denen der Beklagten B. vorhanen; zum Teil, wie das Berufungsgericht hervorhebt, starke, z. B. in der Kopfform. Die Puppen der Beklagten B., billiger hergestellt, sind weniger sorgsam ausgeführt; wer besonnen vergleicht oder die Käthe Kruse-Puppen schon genau kennt, wird auch verschiedenen Gesichtsausdruck bemerken. Aber nach dem Gesamteindruck besteht eine solche Ähnlichkeit, daß der nicht besonders begabte, geschulte oder durch warnenden Hinweis vorbereitete Beschauer, zumal der nach solchen Gegenständen sich umschauende Durchschnittskäufer, die B.-Puppen für eine Spielart der Käthe Kruse-Puppen halten wird. Zu diesem Eindrucke trägt viel bei, daß die Puppen beider Parteien gewisse massige Formen, stämmige Glieder, volles Gesicht, gesunde Farbe aufweisen; das Haar ist durch Bemalung angedeutet; Nase, Mund und Ohren sind in der gleichen Art ausgeführt; der vordere Teil des Kopfes ist aus härterem, der hintere Teil aus weicherem Stoffe verfertigt. Gleiche oder doch sehr ähnliche Trachten verstärken die Gefahr, daß die B.schen Puppen mit den Kruseschen verwechselt werden.
Die Käthe Kruse-Puppen sind das ältere Erzeugnis. Die B.-Puppen sind erst später hergestellt worden und auf den Markt gekommen. Bei dieser Lage der Dinge würde sich die Beklagte B., und mit ihr die Beklagte W., welche die Puppen vertreibt, im geschäftlichen Verkehr zu Zwecken des Wettbewerbs die Gedanken, die Arbeit und das mit Mühe und Kosten errungene Arbeitsergebnis der Klägerin zunutze machen, wenn sie die B.schen Puppen herstellten und vertrieben, obwohl sie mit den bekannten, künstlerischen Ruf genießenden Käthe Kruse-Puppen verwechselt werden können. Dies widerspräche dem Anstandsgefühl der billig und gerecht Denkenden, den Forderungen des redlichen Verkehrs, und verstieße also gegen die guten Sitten (RGZ Bd. 73 S. 294, Bd. 77 S. 431, Bd. 79 S. 415, Bd. 88 S. 183, Bd. 92, S. 111; JW 1913 S. 1106 Nr. 7; Leipz. Ztschr. Bd. 10 S. 742 Nr. 16; Rosenthal, Wettbewerbsgesetz 5. Aufl. Anm. 49 flg. zu § 1; Osterrieth in Gewerbl. Rechtsschutz 1917 S. 194; Kohler ebenda 1919 S. 1 flg.). Ob die Beklagten sich bewußt gewesen sind, daß ihr Gebaren im Verkehr zu Täuschungen führen könne, ist gleichgültig und braucht deshalb nicht festgestellt zu werden (RG II 31/20 vom 4. Juni 1920 in Gruch. Beitr. Bd. 64 S. 731). Schon das, was aus dem unstreitigen Sachverhältnis in Verbindung mit den vorgelegten Puppen und Bildverzeichnissen erhellt, vollendet den Tatbestand unlauteren Wettbewerbs im Sinne der allgemeinen Vorschrift des § 1 UWG. Wenn das Berufungsgericht sagt, daß dieser rechtliche Gesichtspunkt ausscheide, so geht es davon aus, daß «keine unzuverlässige Nachahmung der einzelnen Erzeugnisse der Klägerin vorliege und Kunstschutz für einen Typus nicht auf dem Umweg über das Wettbewerbsgesetz eingeführt werden könne». Doch hat es ungeprüft gelassen, ob nicht durch sittenwidrige Ausnutzung fremder Arbeitsergebnisse – ganz abgesehen davon, ob den Puppen der Klägerin Kunstwerkschutz gebühre – der Tatbestand des unlauteren Wettbewerbs (§ 1 UWG) gegeben sei. Das ist der Fall.
Mit Recht hat also das Landgericht die Beklagten dem Klagantrag entsprechend nach § 1 UWG zur Unterlassung (insoweit als Gesamtschuldner) und zur Auskunft über den Vertrieb der Puppen verurteilt.
Das die Klägerin aus dem Rechtsgrunde des unlauteren Wettbewerbs völlig obsiegt, kann dahingestellt bleiben, ob ihr auch Kunstschutz nach dem Gesetze vom 9. Januar 1907 zuzubilligen ist.

*) I. Zivilsenat. 1. Juli 1925 i. S. K. (Kl.) w. B. u. Gen. (Bekl.). I 103/24.

Dieses der Käthe-Kruse-Puppe I nachgeahmte Exemplar läßt Ausstrahlung und Charme seines Vorbildes vermissen.

Und nach 1945?

Das Gebiet um Bad Kösen wurde 1945 sowjetische Besatzungszone, der Betrieb den Verhältnissen entsprechend weiter geführt. Im Gegensatz zu Käthe Kruse und den anderen Familienmitgliedern waren die beiden Söhne Max und Michael schon bald im Westen und wurden aktiv: Max begann 1946 in Bad Pyrmont mit dem Aufbau eines neuen Betriebes, während Michael im Dezember desselben Jahres in Donauwörth/Bayern eine Werkstatt eingerichtet hat. Beide Betriebe wurden schließlich im Februar 1949 zusammengelegt. Die zweite Heimat der Kruse-Werkstätten wurde somit Donauwörth, wo sich die Käthe-Kruse-Puppen GmbH auch heute noch befindet. Der Betrieb ist seit 1977 wieder zu 100% in Familienbesitz, nachdem zwischenzeitlich die Rheinische Gummi- und Celluloidwaren-Fabrik (Schildkröt-Werke) beteiligt war. Käthe Kruse kam 1950, inzwischen 67 Jahre alt, nach West-Deutschland und hat sich bis 1956 noch immer mit der Aufsicht des Betriebes befaßt. Im Frühjahr 1955 war sie dabei, als ihr jüngstes Kind, die Schildkröt-Puppe, «Modell Käthe Kruse», auf der Spielwarenmesse in Nürnberg aus der Taufe gehoben wurde.

Ein großes Anliegen war es ihr schließlich in jener Zeit, die Bewegungsmöglichkeit ihrer Schaufensterpuppen populär zu machen. In diesem Zusammenhang veranstaltete sie in Donauwörth Kurse für Dekorateure, um ihnen die praktischen Möglichkeiten dieser Figuren zu erschließen. Anläßlich von Vorträgen, Rundfunk-, Fernseh- und Zeitungsinterviews strahlte sie auch noch im Alter eine große Vitalität aus. Zu ihren Aktivitäten gehörten auch vielfältige Reisen zu Geschäftsfreunden des In- und Auslands.

So manche Stunde aber widmete sie den Menschen in Notlage, die sich in Kummerbriefen an sie gewandt haben. Ihnen zu helfen, war ihr ein großes Herzensanliegen.

Auch leidgeprüft

Die erfolgreiche, vielbewunderte Käthe Kruse war auch nur ein Mensch, mußte wie wir alle durch die Höhen und Tiefen des Lebens, war auch eine leidgeprüfte Frau und Mutter. Sie selbst war gerade erst 25 Jahre alt, als am 11. 4. 1908 ihr viertes Kind, der Sohn Johannes, tot zur Welt gekommen ist. Ein Schmerz, den sie wohl nur dadurch schnell verwinden konnte, daß vierzehn Monate später ihre Tochter Hannerle geboren wurde. Ein viel stärkeres Herz brauchte sie aber, als sie in drei aufeinander folgenden Schicksalsjahren drei ihrer Liebsten verlor. Ihr geliebter Max, Lebensgefährte, Ehemann und Freund, der den Lebensweg und ihren Erfolg mit den Puppen ganz entscheidend beeinflußt und geformt hat, starb im Oktober 1942 im Alter von 88 Jahren. Beide mögen wohl zuvor unter der Tatsache gelitten haben, daß sein Ruhm als großer Künstler und Bildhauer immer mehr in Vergessenheit geriet, während ihre Popularität immer größer wurde. Wenige Jahre vor ihrem eigenen Ableben sagte sie hierzu in einem Zeitungsinterview: «Ist es nicht traurig, daß er in manchen Zeitungsartikeln so nebenbei als «mein Mann» erwähnt wurde, wo ich schließlich doch s e i n e Frau gewesen bin!» An seine bleibenden Kunstwerke denkend, fuhr sie einem Vermächtnis gleichend fort: «Daß sie mir ja meinen geliebten, alten Max nicht vergessen!» Wenngleich sein «Siegesbote von Marathon» ihn bereits in jungen Jahren berühmt gemacht hat, so ist er später noch mit vielen Kunstwerken an die Öffentlichkeit getreten. Max Kruse gehörte zu den bahnbrechenden Künstlern des ausgehenden 19. und beginnenden 20. Jahrhunderts, was sich beispielsweise in seinem plastischen Bühnenbild für das Theater von Max Reinhardt, in seinen Porträtbüsten von Gerhart Hauptmann, Friedrich Nietzsche und anderen widerspiegelt. Er erfand eine Bildhauerkopiermaschine, die es durch Abtastarme möglich machte, aus einem Materialblock, egal ob Holz oder Granit, eine Büste herauszuarbeiten, sie zu vergrößern oder zu verkleinern. Am 8. 11. 1894 reichte der vielseitige Künstler und Erfinder ein Patentgesuch für ein «Verfahren zur Vervollkommnung von Lithophanien» ein, durch das die zweidimensionalen Lithophanien Dreidimensionalität erlangten, also plastisch wurden.

Der nächste Schicksalsschlag traf Käthe Kruse wenige Tage vor ihrem 60. Geburtstag, als am 30. 8. 1943 ihr Sohn Jochen, Jockerle genannt, in einem Lazarett in Berlin im Alter von 32 Jahren starb. Auch er wirkte, wie die meisten seiner Geschwister, zumindest zeitweilig im mütterlichen Betrieb mit, war hier ganz besonders mit dem Einkleiden der Schaufensterpuppen sowie mit künstlerischen Arrangements für sie befaßt und fotografierte sie meisterlich. Die meisten Kruse-Werkfotos für Prospekte und Kataloge aus der Zeit ab 1930 hat er gemacht; er arbeitete aber auch als Dekorateur in Hamburg und hat zuvor im Seidenhaus Michels gelernt. Sieben Monate nach seinem Tod, nämlich am 23. 3. 1944, ist sein Bruder, Käthe Kruses Sohn Friedebald, durch einen tragischen Militärunfall ums Leben gekommen. Sein junges Gesicht ist Jahre vorher in Puppe VIII, die nach ihm modelliert wurde, verewigt worden. Das sogenannte «Deutsche Kind» wurde zum größten Erfolg aller Käthe-Kruse-Puppen. Und nun war das hoffnungsvolle Leben eines erst 26 Jahre jungen Menschen ausgelöscht, der 1937 in Weimar sein Abitur gemacht hatte und Architekt werden wollte. Am Ende eines Zeitungsinterviews der 60er Jahre sagte die 80jährige Käthe Kruse: «Zwei meiner sieben Kinder, zwei Söhne, sind im Krieg gefallen. Und darüber werde ich nie wegkommen. Sie waren doch meine Jungs.»

Käthe Kruse hatte an ihren Kindern aber auch viel Freude. In diesem Zusammenhang sei die älteste Tochter Maria, «das Mimerle», erwähnt. Sie hatte ein ganz besonders herzliches Verhältnis zu ihrem Vater, den sie, wie ihre anderen Geschwister, von klein an «Herzlieb» nannte.

Man muß sich vorstellen, daß Max Kruse bereits 70 Jahre alt war, als Mimerle im blühenden Heiratsalter von 22 Jahren stand. Sie betreute ihn, reiste mit ihm, pflegte ihn, später sogar bis an sein Lebensende 1942 in Berlin.

Ebenso aufopferungsvoll nahm sie sich der letzten Lebensjahre ihrer Mutter an. Sie lebte in den 60er Jahren mit ihr zusammen in München, pflegte sie, war ihr bis zur letzten Stunde treu und nahe. Käthe Kruse starb kurz vor Vollendung ihres 85. Lebensjahres am 19. 7. 1968 an Herzversagen im Krankenhaus Murnau/Oberbayern. Maria, «das Mimerle», ist ledig geblieben, heute 80jährig und lebt in München.

Maria Kruse, genannt Mimerle, mit ihrer Mutter. Darunter Puppenstubenpuppen auf lustiger Autofahrt.

Fünf Puppenkopftypen und nicht mehr!

Die wichtigste Frage, wieviel Puppenkopftypen Käthe Kruse überhaupt gemacht hat, wird jetzt erst schlüssig beantwortet. Nicht wenige Liebhaber von Käthe-Kruse-Puppen vermuten, daß es eine Vielzahl von Puppenkopftypen gab, zumal in den Firmenunterlagen und Prospekten sehr viele Namen und Modelle aufgeführt sind. Tatsächlich aber wurden in der Zeit von 1910 bis 1956 nur 5 verschiedene Puppenkopftypen für Käthe-Kruse-Spielpuppen geschaffen. Eine neue Ära begann allerdings ab 1957, als die erste von drei neuen Puppenkopftypen mit der Bezeichnung «Modell Hanne Kruse» das Programm bereichert hat (s. Seite 80).

Auf den folgenden Seiten werden zunächst die fünf Puppenkopftypen historischer Käthe-Kruse-Puppen, also aus der Zeit von 1910 bis 1956, detailliert beschrieben. Vorab ihre Bezeichnungen:

- Puppe I : Die erste Käthe-Kruse-Puppe hatte keinen individuellen Namen, sie hieß schlicht «Puppe I»
- Puppe II : «Das Schlenkerchen»
- Puppe V/VI: «Das Träumerchen» und «Du Mein»
- Puppe VIII : «Das Deutsche Kind»
- Puppe XII : «Das Hampelchen»

Puppen der Nummern III, IV und XI gab es nicht. Sie sind weder in den Firmenprospekten erwähnt, noch sind sie den Käthe-Kruse-Werkstätten bekannt. Wahrscheinlich hat es sich hierbei um Versuchspuppen gehandelt, die dann aber nie hergestellt und in den Handel gebracht wurden.

Für Puppe V/VI wurde der gleiche Kopftyp verwendet, jedoch hat das «Träumerchen» geschlossene und das «Du Mein» offene Augen. Die Puppen VII und X sind verkleinerte Ausgaben der Puppe I, und IX ist die verkleinerte Ausgabe von Puppe VIII (siehe dort), so daß es in der Tat nur die oben aufgeführten 5 Kopftypen in der Zeit von 1910 bis 1955 gab.

Puppe I:

Die erste Käthe-Kruse-Puppe, also die älteste bzw. früheste, wurde schlicht und einfach Puppe I genannt.
Im Jahre 1910 war Käthe Kruse nach ungefähr 5jährigen Versuchen so weit, daß sie diese Stoffpuppe anläßlich der Ausstellung «Spielzeug aus eigener Hand» der Öffentlichkeit vorstellen konnte. Von geringfügigen Abweichungen abgesehen, wurde sie so bis in die 50er Jahre hergestellt.
Puppe I war in Handarbeit völlig aus Stoff (Nesselbezug) hergestellt, war warm, weich, abwaschbar und unzerbrechlich. Dem damaligen Schönheitsgefühl entsprechend, stellte sie ein wohlgenährtes Kindchen im Alter von zwei bis drei Jahren mit sehr breiten Hüften dar. Der Körperschnitt war außerordentlich kompliziert, der Rumpf bestand aus 7 Stoffteilen, und selbst für ein Beinchen wurden 5 Stoffteile verwendet. Die Arme bestanden aus 2 Stoffteilen, die Finger der Hand wurden einzeln abgesteppt und der Daumen extra aufgesetzt und angenäht. Dann wurden die Arme an Kopf und Körper festgenäht, während die Beine mit Scheibengelenken befestigt wurden. Noch aufwendiger war die Herstellung des Kopfes, für den ein Fiamingoköpfchen von klassischer Schönheit Modell stand und nicht wie oft fälschlich angenommen wird, eines der Kinder von Käthe Kruse.
Nach einer von Max Kruse zur Kopfherstellung entwickelten Technik wurden zugeschnittene, mit Leim und Gips getränkte Stoffteile mit der Hand in eine Bronzeform gedrückt und nach dem Erstarren gestopft und vernäht. Zum Stopfen für Kopf und Körper wurden Reh- oder Rentierhaare, anfänglich auch Holzwolle, verwendet.

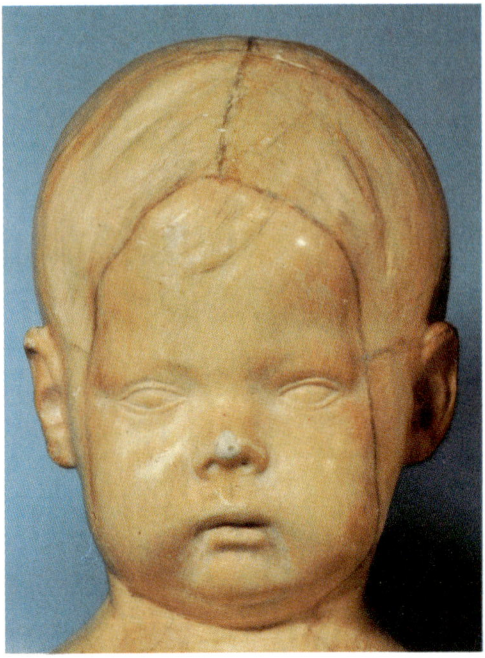

Einmaliges, bisher unveröffentlichtes Dokument: der Fiamingokopf, nach dem 1910 die erste Käthe-Kruse-Puppe gefertigt wurde.

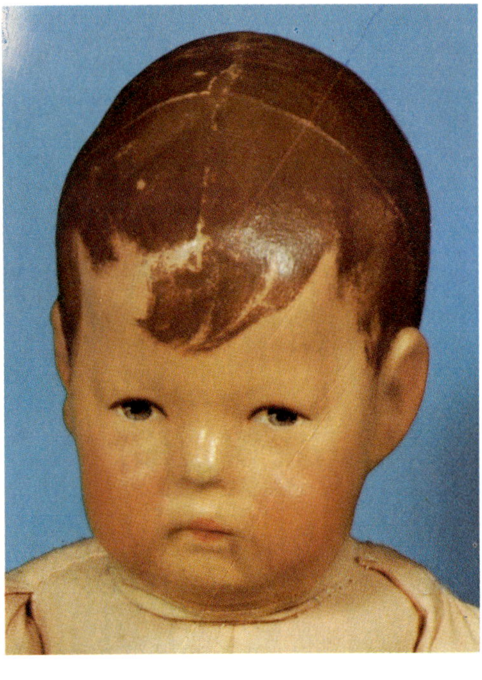

Der direkte Vergleich dieser Puppe I veranschaulicht die Identität mit dem vorstehenden Modell. Nicht wenige Puppenliebhaber sind der irrigen Annahme, daß diese erfolgreiche Puppe nach einem der Kinder von Käthe Kruse modelliert wurde.

Die Bemalung der Köpfchen, Augen und Haare mit Ölfarbe erfolgte von Hand, was große Sorgfalt der künstlerisch talentierten Arbeitskräfte erforderte. Ab 1929 gab es Puppe I in seltenen Fällen auch mit Echthaarperücke. In Serie wurde Puppe I mit Perücke erst ab 1936 gefertigt und hieß nun Puppe I H. Jede Puppe fiel durch die handwerkliche Bemalung ein wenig anders aus, so daß man sagen kann, daß es überhaupt keine frühen Käthe-Kruse-Puppen gibt, die sich wie ein Ei dem anderen gleichen. Sie wurden mit einer Jungen- oder Mädchenperücke als Junge oder Mädchen eingekleidet und erhielten entsprechende Namen, um sie im Katalog auseinander halten zu können. Zwei berühmte Namen aus dem ersten Katalog sind: «Rotkäppchen» und «Deutscher Michel».
Aus der Zeit der Zusammenarbeit mit Kämmer & Reinhardt, also aus dem Jahre 1911, können nur die merkwürdigen, heute für Sammler begehrten Puppen mit den Kugelgelenken stammen (s. Seite 31), denn nach Meinung von Tochter Sofie hat Käthe Kruse selbst niemals Kugelgelenke hergestellt. Sichtbare Gelenke waren ja genau das, was sie nicht wollte.
Signierung: Echten Käthe-Kruse-Puppen wurde der Namenszug «Käthe Kruse» und eine Nummer auf die linke Fußsohle aufgestempelt und ein Firmenschildchen umgehängt.

«Bambino»
Das 22 cm große «Bambino»-Püppchen mit dem Kopf der Puppe I war als «Puppe für die Puppe» gedacht. Es wurde zunächst für Dekorationszwecke verwendet, kam aber später auch als Werfpüppchen in den Handel. Man sieht es öfter mit Puppe I auf Postkarten und anderen Fotos abgebildet; es ist heute jedoch so gut wie gar nicht mehr zu finden. Sein Entstehungsjahr kann niemand mehr genau bestimmen, aber es dürfte sich um die Zeit von ca. 1915 bis 1925 handeln.

Wie Puppe I hat auch das «Bambino» gemalte Haare, der Kopf ist allerdings nicht aus Stoff, sondern aus einer Art Gipsmasse. Das Püppchen erlangte keine große Verbreitung.

Zwei frühe Puppen I, der Junge mit Bambino-Püppchen (Beschreibung siehe Seite 29). Rechte Seite: Nur wenige Monate des Jahres 1911 hat Kämmer & Reinhardt Puppe I für Käthe Kruse hergestellt. Besonderes Merkmal dieses Exponats: Kugelgelenke in den Knien.

*Porträt einer Puppe I, die in den 20er Jahren hergestellt wurde.
Rechte Seite: sehr gut erhaltene Puppe I mit
Holländerhäubchen, etwa 1928. «Sternschnuppchen», (S. 34),
35 cm, kleine Version von Puppe I, an die Gesichtsmaske ange-*

nähtes Häubchen, weichgestopfter Körper. Seltener Prospekt (S. 35), 1927, für den bereits Farbfotografien besonderer Technik verwendet wurden.
Übernächste Doppelseite 36/37: Puppe I mit Haaren (IH).

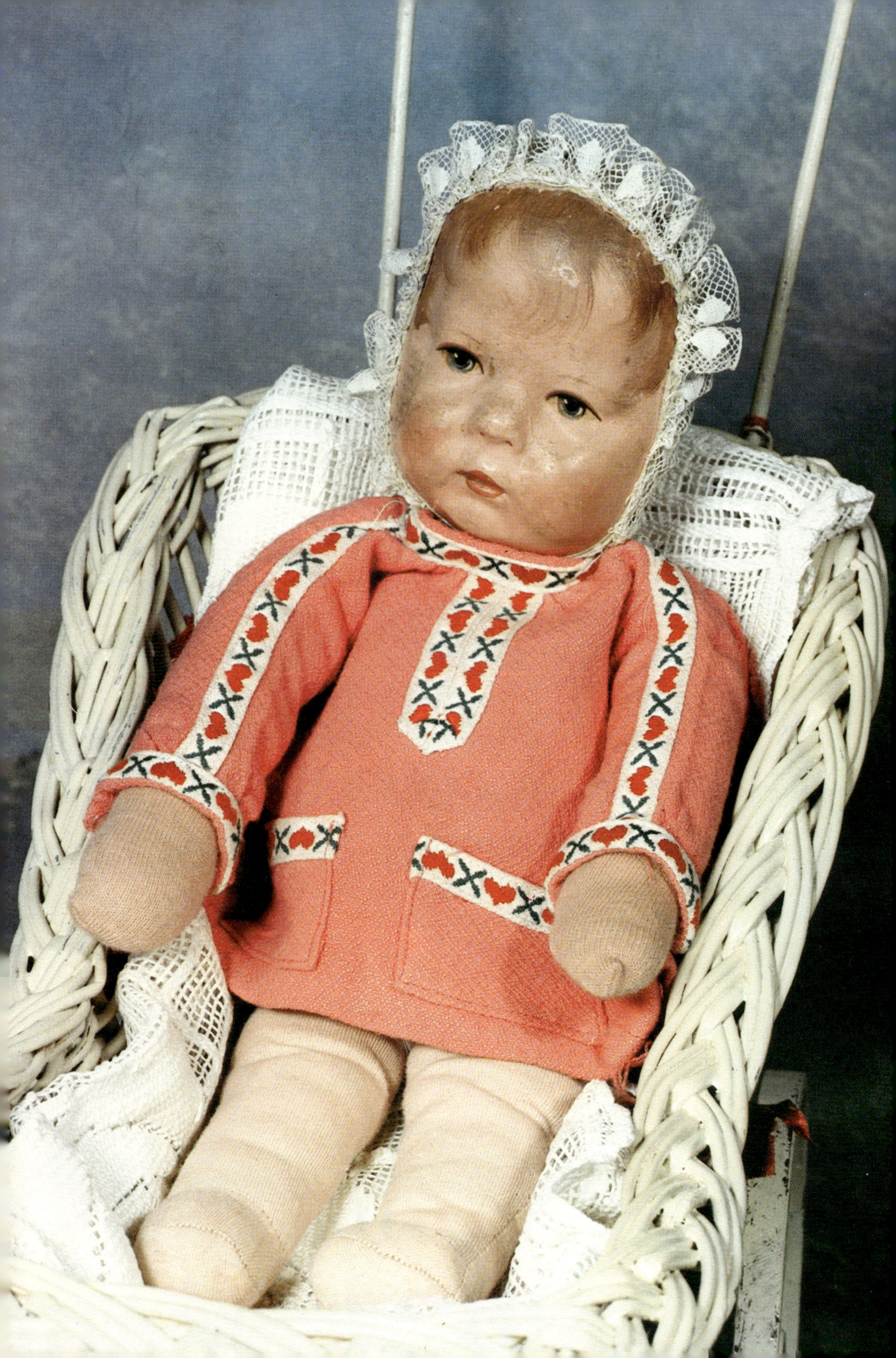

Die Käthe Kruse-Puppen sind ganz aus Stoff gefertigt, auch der Kopf. Mit Wasser und Seife gut zu reinigen (Reiben vermeiden). Die Reparaturwerkstätte ist das ganze Jahr geöffnet.

Nur das sind Käthe Kruse-Puppen, die auf der linken Fußsohle den Namenszug Käthe Kruse tragen, und am Handgelenk die Schutzmarke

Lauter kleine Käthe Kruses

LORLE	STERNCHEN	ANNELE	LOLA	ECKCHEN	SASA
Indanthrendruck.	Wollmousseline-Kleidchen		Indanthrendruck-Kleidchen		Lichtechter Voile.
Puppe VII A 24	Puppe VII C 28	Puppe VII C 26	Puppe VII B 30	Puppe VII A 23	Puppe VII D 29
M. 18.50	M. 21.—	M. 21.—	M. 19.50	M. 18.50	M. 23.—

Die bunte Reihe I

DANIELA	TESSA	STELLA	BEATE	GRISELDA	PIPPA
Voile mit Tülldurchzug.	Wollstoff, plissiert.	Voile, Smokarbeit.	in Voile oder Seide.	heller Wollstoff mit Seidenband.	besteckter Voile.
Puppe I C 141	Puppe I D 154	Puppe I C 145	Puppe I D 151	Puppe I D 153	Puppe I C 144
M. 32.—	M. 35.—	M. 32.—	M. 35.—	M. 35.—	M. 32.—

Änderung der Stoffmuster vorbehalten.

Puppe II: «Das Schlenkerchen»

Im Jahre 1922 kam das «Schlenkerchen» heraus, ein lustiges 33 cm großes Püppchen. Seinen Namen verdankt es dem Umstand, daß seine Arme und Beinchen und auch sein Köpfchen so locker angebracht wurden, daß alles ein wenig «schlenkerte». Sein aus Stoff gefertigtes Köpfchen hat eine am Hinterkopf senkrecht verlaufende Naht sowie gemalte Haare, gemalte Augen und Wimpern und ist, wie schon erwähnt, locker angenäht. Als einzige Käthe-Kruse-Puppe hat es einen lachenden, sogenannten offen-geschlossenen Mund, bei dem zwar die Lippen, nicht aber der Mund zum Kopf hin geöffnet sind. Bis dahin hatte es Käthe Kruse vermieden, die Puppengesichtchen auf einen bestimmten Ausdruck festzulegen. Sie sollten weder lachen noch weinen und so dem Kind die Möglichkeit offen lassen, mittels seiner Phantasie alle Gefühle selbst hineinzulegen. So ist das «Schlenkerchen» bis heute die einzig lachende Käthe-Kruse-Puppe geblieben. Ebenfalls als einzige frühe Käthe-Kruse-Puppe hat sie gemalte Wimpern mit offenen Augen. Gemalte Wimpern hat sonst nur noch das «Träumerchen», allerdings bei geschlossenen Augen. Erst in den 60er Jahren erscheint «Rumpumpel», «Modell Hanne Kruse», auch mit offenen Augen, manchmal mit und manchmal ohne gemalte Wimpern.
Das Körperchen vom «Schlenkerchen» wurde nach einer eigenen handwerklichen Technik hergestellt. Aus Watte und Mullbinden hat man die kindlichen Konturen über einem Drahtskelettchen modelliert und mit bestem indanthrenfarbenen Makotrikot überzogen. So war das Körperchen auch nackt schön weich und biegsam, konnte sich zärtlich anschmiegen und war deshalb besonders zum Schmusen geeignet. Leider hörte die Produktion dieser liebenswürdigen Püppchen bereits in den 30er Jahren auf.
Signierung: wie üblich auf der linken Fußsohle mit dem Namenszug und einer laufenden Nummer.

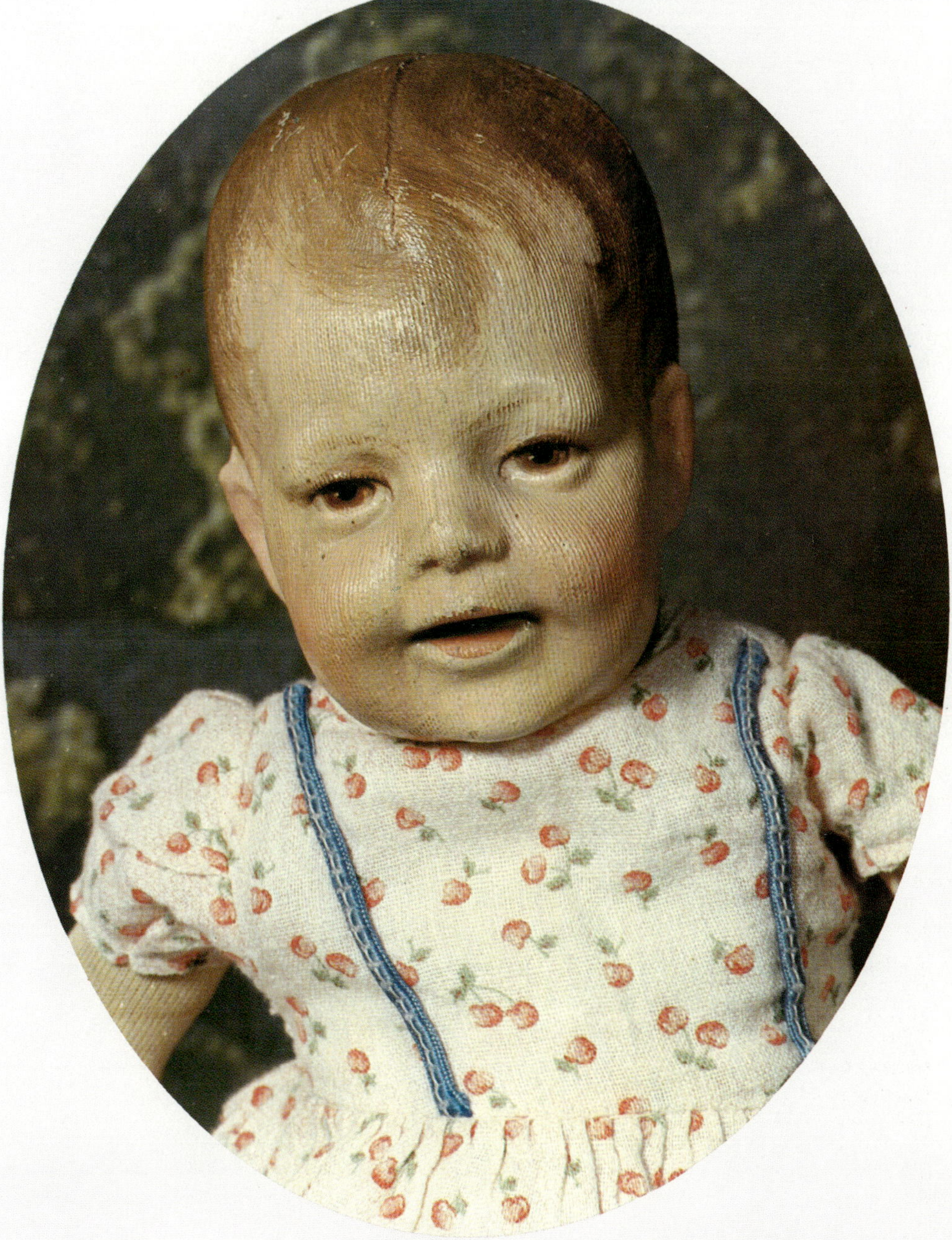

Außerordentlich seltenes «Schlenkerchen», Puppe II, ca. 1925.

Aus dem vergriffenen Buch «Spiel und Sport»: sechs «Schlenkerchen» beim fröhlichen Fußballspiel!

Seite aus einem Prospekt des Jahres 1927 mit Darstellungen vom «Schlenkerchen» und «Du Mein».

SIND REINE HANDARBEIT

STRICKCHEN
aus No-Motta-Wolle,
ganz licht.
Puppe II B 33 M. 21.50

Puppe II und V

neue, kunsthandwerkliche Technik, ganz weich und beweglich, ohne sichtbare Gelenke, auch nackt schön.

Puppe II, Das Schlenkerchen

33 cm groß.
als Hemdmatz M. 15.50

Puppe Vw, Das „Du Mein"

50 cm groß,
als Hemdmatz M. 32.–

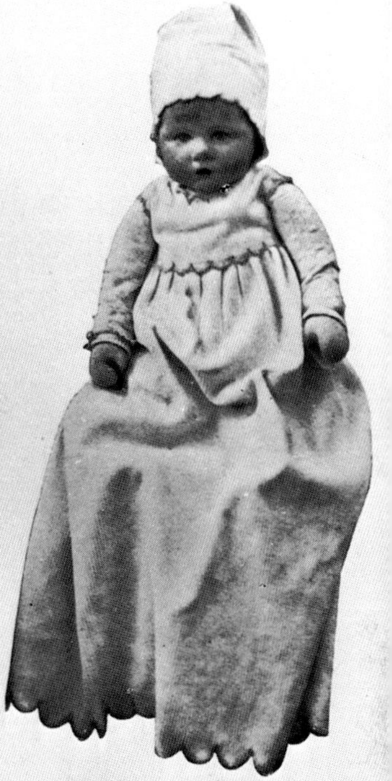

SCHUFTERLE
in elfenbein-
farbigem
Waschsamt,
handgebogt.
Puppe V w 18
M. 48.–

Schlenkerchen-Puppe II

MADI, II B 32 M. 21.50 | LUCY, II C 29 M. 23.50 | DER MAXEL, II A 1 M. 19.50 | ADI, II C 30 M. 23.50 | TROLL, II C 31 M. 23.50

DER MAXEL
M. 19.50

Du Mein, Puppe V

HANNEPANN V w 14 | PUTZELI V w 12 | DÄUMELINCHEN V w 13 | SCHNEEWEISSCHEN V ...

Puppe V und Puppe VI: «Das Träumerchen» und «Du Mein»

Um Irrtümern vorzubeugen sei festgehalten, daß unter der Bezeichnung Puppe V und VI sowohl das «Träumerchen» mit seinen geschlossenen Augen, als auch das «Du Mein» mit seinen offenen Augen geführt wurde. Für beide Puppen verwendete man den gleichen Kopftyp. Um sie bei Bestellungen auseinanderhalten zu können, wurden die Nummern durch Buchstaben ergänzt:

Vs bzw. VIs = Schlafendes «Träumerchen», also Puppe mit geschlossenen Augen.

Vw bzw. VIw = Wachendes «Du Mein», also Puppe mit offenen Augen.

Puppen der Nummern V und VI haben also denselben Kopftyp und unterscheiden sich lediglich durch Größe und Gewicht:

V=50 cm groß und 5 Pfund schwer,
VI=60 cm groß und 6 Pfund schwer.

Vorbild und Inspiration für das «Träumerchen» war Sohn Max, der 1922 geboren wurde. Allerdings war sein Köpfchen nicht das Modell für diese Puppe. Nach Angaben von Frau Rehbinder-Kruse war es vielmehr der Gipsabdruck von einem Babyköpfchen, wie man ihn zu der damaligen Zeit in einschlägigen Geschäften kaufen konnte.

Die Idee, eine Babypuppe zu schaffen, kam von jenem Doktor, der am Wochenbett von Käthe Kruse stand und ihr vorschlug, doch mal so etwas Süßes wie das «Maxl-Baby» als Puppe für die Säuglingspflege herauszubringen, weil sich die jungen Mädchen im Unterricht mit häßlichen Lederbälgen herumplagen mußten.

So entstand ungefähr 1925 eine lebensgroße Babypuppe, 50 cm groß und 5 Pfund schwer. Das Köpfchen wurde aus Stoff gefertigt und war so locker angenäht, daß es haltlos hin und her schwankte und unbedingt gestützt werden mußte; die Äuglein waren geschlossen und gemalt. Sein völlig aus Stoff gearbeitetes, weiches und schweres Körperchen entsprach dem des «Schlenkerchens», nur daß es größer und schwerer war. Kopf und Körper wurden mit Sand beschwert – daher der volkstümliche Name «Sandbaby».

Wenig später brachte Käthe Kruse dieses Baby in einer Version mit gemalten, offenen Augen heraus und gab ihm zur Unterscheidung den herzigen Namen «Du Mein». Beide Babys hatten gemalte Haare, wurden beschwert oder unbeschwert hergestellt sowie mit und ohne Bauchnabel angeboten. Ihre Größe variiert zwischen 50 und 60 cm, ihr Gewicht zwischen 2 und 6 Pfund. Die sandbeschwerten Babys waren für die Säuglingspflege, die unbeschwerten als Spielpuppen konzipiert. Ab 1930 wurde das «Du Mein» mit einer sehr feinen handgeknüpften Perücke geliefert, bei der man – einem echten Baby täuschend ähnlich – die Kopfhaut durchschimmern sah. Bis ca. 1940 wurden die Köpfchen hauptsächlich aus Stoff hergestellt, nebenbei lief jedoch ab etwa 1935 schon die Produktion der Köpfchen aus Magnesit, einer zementähnlichen Masse. Ab etwa 1966 hingegen wurden nur noch Kunststoffköpfe für diesen Puppentyp hergestellt.

Die Körper wurden in zwei Versionen gefertigt:

Typ A) gewickelt mit Trikotüberzug,
Typ B) aus Nessel und gestopft wie die anderen Spielpuppen.

Seit ungefähr 10 Jahren besteht der Körper aus formgeschäumtem Kunststoff mit Trikotüberzug.

Zu ergänzen bleibt, daß die Köpfe aus Stoff und Magnesit ebenso wie die Arme und die Beine der Ausführung B) angenäht wurden, während die der Ausführung A) angeschnitten waren.

Oben links: Erstmalig abgebildetes Originalgipsköpfchen (vermutlich nach der Totenmaske eines Babys), nach dem der Kopf vom nebenstehenden «Träumerchen» (Puppe Vs, das sogenannte «Sandbaby») entstand. Unten links: Gleiches Gipsköpfchen wie oben, jedoch mit offenen Augen, war Modell für das nebenstehende «Du Mein».

Das weltbekannte «Sandbaby»

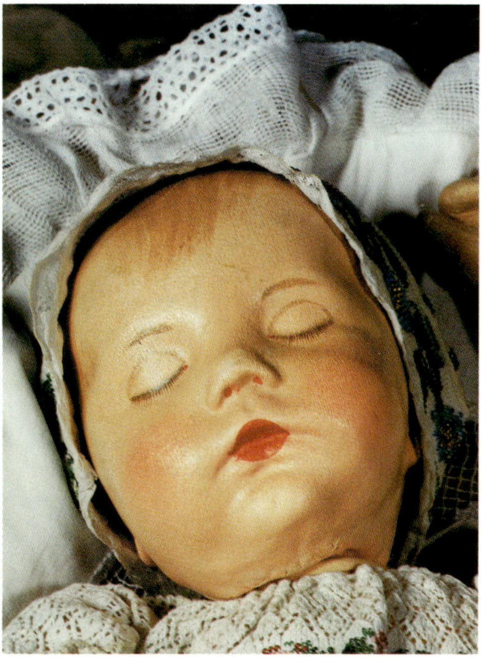

Bild links: Zwei herzige, alte Kruse-Babys «Du Mein» und «Träumerchen» mit Stoffköpfchen; rechts ein «Du Mein» mit Stoffkopf und Perückchen.

Das «Träumerchen», Puppe VIs, auf beiden Bildern mit Magnesitkopf, links Puppe Vs ca. 1935, rechts ca. 1950; aufgenähter Bauchnabel.

Puppe VII: «Die kleine, billige Käthe-Kruse-Puppe»

Den Marktbedürfnissen entsprechend kam 1927 Puppe VII in einer Größe von 35 cm heraus. Zwei Versionen gleicher Größe wurden angeboten:
Zuerst war es Puppe VII mit dem verkleinerten Stoffkopf von Puppe V/VI, dem «Du Mein» mit gemalten Haaren. Ab 1929 konnte sie auf Wunsch auch mit einem Perückchen versehen werden. Ihr Körper erhielt die verkleinerten Proportionen von Puppe I, hatte allerdings nicht die vielen Nähte, wohl aber noch breite Hüften und extra angenähte Daumen. Puppe VII mit dem verkleinerten «Du Mein»-Köpfchen ist äußerst selten, da ihre Produktion bereits Anfang der 30er Jahre eingestellt wurde. Fälschlicherweise wird sie oft für die allererste Kruse-Puppe gehalten.
Die zweite Ausfertigung von Puppe VII erschien fast gleichzeitig im Jahre 1927, und zwar als verkleinerte Ausgabe von Puppe I mit gemalten Haaren, war aber ab 1929 auf Wunsch ebenfalls mit Perücke lieferbar. Zunächst hatte diese Puppe VII breite Hüften und extra angenähte Daumen, wurde aber Anfang der 30er Jahre wie alle anderen Spielpuppen wesentlich schlanker, und die Daumen wurden nicht mehr extra angenäht sondern angeschnitten.
Im Gegensatz zu der kleinen Puppe VII mit «Du Mein»-Kopf wurde diese Art mit Stoffkopf bis in die 50er Jahre produziert.

Zwei Puppen Nr. VII mit angenähten Stoffköpfchen (Kopftyp I); links mit gemalten Haaren, ca. 1940, rechts mit Echthaarperücke, 1929.

Rechte Seite: Puppe VII mit dem verkleinerten Kopf von Puppe Vw, «Du Mein», angenähter Stoffkopf, 1928.

Puppe VIII: «Das Deutsche Kind»

Ein großer Erfolg wurde 1929 Puppe VIII in der stattlichen Größe von 52 cm und mit dem von Igor von Jakimow modellierten Kopf des Kruse-Sohnes Friedebald. Er war das einzige Kind von Käthe-Kruse, nach dem eine Spielpuppe modelliert wurde. Friedebalds Büste wurde verkleinert und danach eine Messingform des Kopfes angefertigt. Die Herstellung des Kopfes erfolgte nun nach einem vereinfachten Verfahren, denn die zugeschnittenen, mit Leim getränkten Stoffteile wurden nicht mehr handgedrückt, sondern mit einem Balancier geprägt. Der Kopf wurde nicht mehr gestopft, war also innen hohl, so daß er nunmehr mittels einer hölzernen Halbkugel im Inneren des Kopfes und einem Splint im Körper befestigt werden konnte. Das war die technische Voraussetzung dafür, daß Puppe VIII als erste Kruse-Puppe einen Drehkopf bekommen konnte, welcher nur noch eine senkrecht verlaufende Naht in der Mitte des Hinterkopfes aufweist.

Die Bemalung der Gesichter erfolgte nach bewährter Methode weiterhin von Hand, die Haare dieser Puppe wurden jedoch nicht mehr gemalt. Sensationell neu war vielmehr, daß «Das Deutsche Kind» mit einer sehr schönen, aufwendigen, handgeknüpften Echthaarperücke ausgestattet wurde, was wesentlich zu seinem Erfolg beigetragen hat. Der Körper der Puppe VIII war nicht klein und mollig wie der Körper von Puppe I, sondern nach einem vereinfachten Schnitt groß und schlank, was sie sehr attraktiv machte; die Beine wurden mit Scheibengelenken befestigt. «Das Deutsche Kind» war auch die einzige Kruse-Spielpuppe, die namentlich in den 30er Jahren ab und zu sehr elegant und aufwendig gekleidet wurde, während man sonst von einer niedlichen und soliden, aber typischen Kruse-Kleidung sprechen kann. Wie üblich wurde Puppe VIII im Katalog als Junge und Mädchen angeboten, je nach Perücke, Kleidung und Namen.

Das erste Pärchen von Puppe VIII wurde «Friedebald» und «Ilsebill» getauft. Käthe Kruse schrieb selbst, daß es ihr hier gelungen war, den Zauber des Kindes einzufangen. Entrüstet wehrte sie sich allerdings später gegen die Vorwürfe, die ihr wegen des Namens «Das Deutsche Kind» gemacht wurden, obwohl diese Puppe bereits 1929, also 4 Jahre vor Etablierung des 3. Reiches, auf den Markt gekommen ist. Historisch belegt ist die Tatsache, daß Käthe Kruse den Auftrag hatte, vier plastische Bilder mit Puppen zu gestalten, die das europäische Kind, modelliert nach bekannten Gemälden, symbolisieren sollten: das italienische, das spanische, das englische und das deutsche Kind. Man sprach bei der Arbeit fortan vom «Deutschen Kind» und verwendete diesen Namen für Puppe VIII (s. S. 56).

Zwei Puppen VIII, das vielgeliebte Pärchen «Friedebald» und «Ilsebill», 1929. Rechte Seite: englischer Jubiläumsprospekt von 1936 mit Puppen der Nr. VIII.

Okt. 1936

Jubilee Prospect of the Käthe Kruse Dolls

Handed over by:

Für Kleidung nicht mehr maßgebend

fig. 1 **Florrie in festive robe**
made of white dotted mull, long and wide, decorated with ruches and lace. The slip is made of silk cambric.

25 Years Käthe Kruse Stuff Dolls —

throughout made by hand!

They were created for Mrs. Käthe Kruse's own children, and made on their features. The underlying principle was: they must be unbreakable (therefore they were throughout made by hand), they must be dear (for they are meant to be loved), they must be clean and noble work (so that the child can never feel disappointed somewhere). And there must be no mechanism in them, for love and mechanism cannot go together, for the little girl in her motherly feeling does not want to know, "how the doll is made", she wants to play and dream, and not be disturbed. And this has been the aim of these dolls: to educate the little girls for being motherly and loyal. Under this sign they have been victorious.

Doll VIII. "The Graceful Child"
21 in. high.

fig. 2 and 3 **Florian and Anny**
in light sportdress. Both in shorts, red and white belt, scalf, neck-tie, etc.

fig. 4 **Anny**
in light-grey sporting coat with lining, of soft wool, with a rack in the back. Fits all the dolls of series VIII.

fig. 5 **Tommy** fig. 6 **Lillibeth**
in sailor's costume, in white or navy colour. White or navy caps with the inscription as requested.

fig. 7 **Tommy's**
sailor's coat fits all of them. Fine navy wool material, full lining. Anchor on the sleeve, golden buttons.

fig. 8 **Tommy**
in navy sailor's dress.

fig. 9 **Mabel**
in navy sailor's dress.

fig. 10 **Mary**
with two thick fair plaits, light-coloured washable dress and red little apron.

«Das Deutsche Kind» in Festkleidung, links Stoffkopf, ca. 1940, rechts mit Kunststoffkopf, 1958.
Rechte Seite und nachfolgende Doppelseite (54-55): Außerordentlich gut erhaltenes, originalgekleidetes Pärchen von Puppe VIII, «Das Deutsche Kind», Ende der 40er Jahre, feine Bemalung, Strahleniris.

Vorbild der Puppe «Das Deutsche Kind», Größe 52 cm, für eine Ausstellung entstanden nach dem Gemälde von Julius Hübner; verwendet wurde allerdings der verkleinerte «Friedebald»-Kopf von Igor von Jakimow.

Das Gemälde von Reynolds, oben rechts, wurde 1928 mit Puppe VIII, Bild unten, nachgestellt (s. Seite 50).

Puppe IX:
«Das kleine Deutsche Kind»

Noch im selben Jahr der Kreation von Puppe VIII, also 1929, stellten die Käthe-Kruse-Werkstätten, Bad Kösen, eine originalgetreu verkleinerte Version dieser Puppe vor. «Das kleine Deutsche Kind» wurde in einer Größe von 35 cm gefertigt, war dadurch kostengünstiger herzustellen und wurde auch für breitere Käuferschichten erschwinglich. Natürlich wurde auch Puppe IX bei gleichem Kopf, aber unterschiedlicher Perücke, Kleidung und Namen als Junge und Mädchen angeboten. Wie ihre großen Brüder und Schwestern, wurde auch sie zu einem echten Vekaufserfolg. Diese kleinen Kruse-Puppen sind außerordentlich niedlich und deshalb auch heute von Sammlern sehr begehrt. Auch ihre Köpfe haben, wie Puppe VIII, die am Hinterkopf senkrecht verlaufende Naht, handgeknüpfte Echthaarperücken und einen Drehkopf.

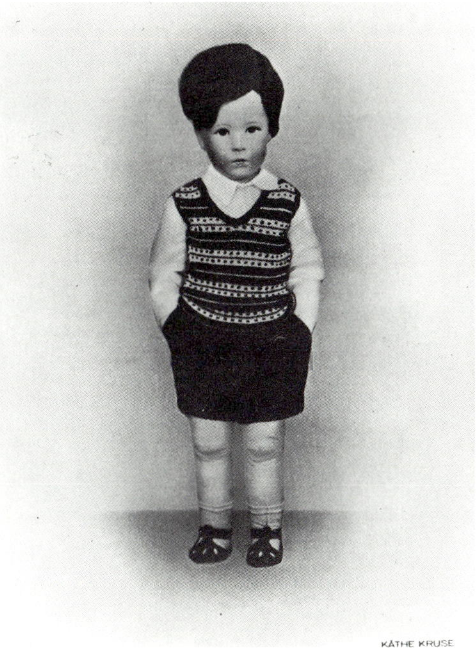

Bild oben «Ilsebill», unten «Friedebald», beides Puppe VIII. Starfotos aus den 30er Jahren.

Porträt von Puppe IX, der kleinen Version von Puppe VIII, selbstverständlich auch mit Drehköpfchen.

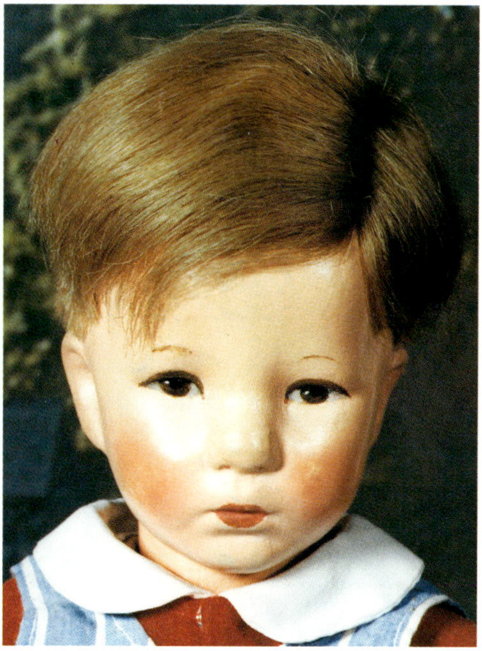

Die Bilder der folgenden Doppelseite verdeutlichen den Größenunterschied der Puppen VIII und IX.

Puppe X: «Die kleine Käthe-Kruse-Puppe»

Mit Puppe VII (siehe Seite 48) hatte man bereits 1927 eine kleine Ausgabe von Puppe I auf den Markt gebracht, doch war ihr gestopfter Kopf ebenso angenäht wie der von Puppe I. Nun aber sollte diese 35 cm große Puppe mit dem verkleinerten Kopf der Puppe I einen Drehkopf bekommen, wie man ihn erstmalig bei Puppe VIII eingeführt hat.
Puppe X mit ihrem geprägten, drehbaren Kopf kam ca. 1935 heraus.

Puppe XII: «Das Hampelchen»

Für das «Hampelchen», das Anfang der 30er Jahre herauskam und das seinen Namen von seinen locker angenähten Beinchen – mit denen es lustig herumhampeln konnte – herleitet, modellierte Igor von Jakimow noch einmal ein reizendes Kinderköpfchen. Wer allerdings Modell dafür gewesen ist, kann heute niemand mehr sagen. Auf keinen Fall war es eines der Kruse-Kinder.
Das am Körper angenähte Stoffköpfchen hat drei am Hinterkopf senkrecht verlaufende Nähte; ein wichtiges Merkmal für Sammler.
Käthe Kruse schrieb über das «Hampelchen», daß sie es im Verkauf lange nicht durchsetzen konnte, obwohl es infolge seiner lockeren Beinchen in jeder Situation eine natürliche Stellung einnehmen konnte. Vielleicht lag es daran, daß es nicht alleine sondern nur mittels eines Knopfes und Bandes am Rücken einigermaßen stehen konnte. Heute ist diese Puppe, die wegen ihrer lockeren Beinchen oft mit Puppe II, dem (lachenden) «Schlenkerchen», verwechselt wird, ein beliebtes und gesuchtes Sammelobjekt.
Nachfolgend eine vereinfachte Beschreibung verschiedener «Hampelchen»-Versionen:

- Größe 45 cm mit dem von Igor von Jakimow modellierten Kopf, Echthaarperücke und locker angebrachte Beinchen; am meisten vorkommendes Modell; Bezeichnung: XII/H;
- Größe 45 cm mit dem von Igor von Jakimow modellierten Kopf, jedoch mit gemalten Haaren; locker angebrachte Beinchen; etwas seltener vorkommendes Modell; Bezeichnung: XII;
- Größe 45 cm mit Kopf der Puppe I oder Kopf VIII, meistens mit gemalten Haaren; locker angebrachte Beinchen; Bezeichnung: XII;
- Größe 35 cm mit verkleinertem Kopf der Puppe I, meistens mit gemalten Haaren; locker angebrachte Beinchen; Bezeichnung: XII;
- Größe 40 cm mit Kopf der Puppe I, mit gemalten Haaren oder Perücke; locker angebrachte Beinchen; Ende der 40er Jahre; Name «Das kleine Baby Hampelschatz»; Bezeichnung: XII/B;
- Größe 45 cm, ab 1951 Körper von Puppe I, also mit Beinchen, die mit Scheibengelenken befestigt wurden; Bezeichnung: XII/I.

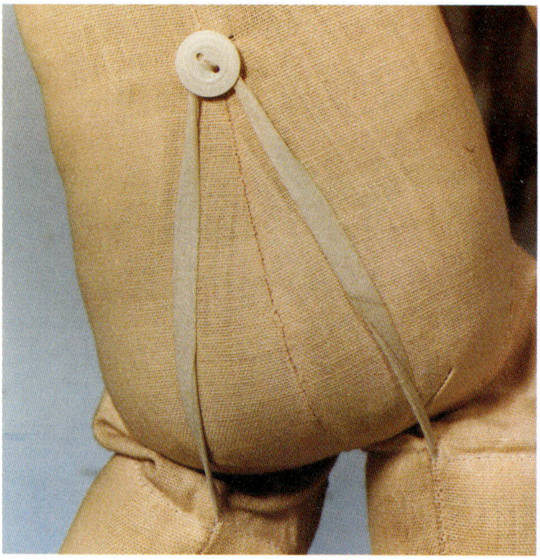

Knopf und Band am Rücken sorgten dafür, daß das «Hampelchen» auch stehen konnte.

Zwei besterhaltene «Hampelchen»; (Stoff-)Kopf nach Igor von Jakimow, Echthaarperücke, 45 cm groß.

Puppe XII, das «Hampelchen», mit Echthaarperücke und Stoffkopf; nach Igor von Jakimow

Puppe XII mit gemalten Haaren und Stoffkopf;
nach Igor von Jakimow

Sammelkriterien: Zehn goldene Regeln für historische Käthe-Kruse-Stoffpuppen von 1910 bis 1955

Bei den vorher beschriebenen Puppenkopftypen I bis XII handelt es sich um solche, bei denen Kopf und Körper aus Stoff gemacht wurden. Im nachfolgenden werden einige der wichtigsten Erkennungsmerkmale echter Käthe-Kruse-Puppen aufgezeigt, die dem Sammler Orientierungshilfe geben sollen.

Altes Umhängeschildchen und «Käthe Kruse»-Schutzmarke.

1. Markierung

Alle echten Käthe-Kruse-Puppen (mit Ausnahme der Schildkröt-Puppen) wurden bis 1955 auf der linken Fußsohle mit dem Originalschriftzug «Käthe Kruse» und einer laufenden Nummer gestempelt, aus der man aber nicht auf das Alter schließen kann, da es sich um ein verschlüsseltes Kontrollnummernsystem handelt. Dieser Stempel ist mittlerweile allerdings meistens abgewaschen oder abgenutzt. Außerdem trugen alle Puppen ein Umhängeschildchen, ebenfalls mit dem Namenszug «Käthe Kruse». Diese Firmenschildchen sind heute nur noch in den seltensten Fällen vorhanden.

Nach 1945 bis ungefähr 1951 wurde auf der rechten Fußsohle zusätzlich der Vermerk «Made in Germany, US-Zone» gestempelt und den gleichen zusätzlichen Vermerk trug auch das Umhängeschildchen. Nach 1951 wurden in der DDR die gleichen Puppen noch einige Jahre weiter hergestellt. Sie tragen auf der rechten Fußsohle den Vermerk «VEB, Bad Kösen a. d. Saale» und auf der linken Fußsohle ein aufgestempeltes Dreieck.

Stempel «Käthe Kruse» und Nummer auf der linken Fußsohle.

2. Größen

Über viele Jahre war die Größe der Puppe I von 43 cm ein Markenzeichen der Käthe-Kruse-Puppen, bis schließlich 1922 Puppe II, das «Schlenkerchen», mit 33 cm auf den Markt kam, während das «Träumerchen» und das «Du Mein», Puppe V/VI in den Größen von 50-60 cm ab ca. 1925 gefertigt wurden. Die Puppen VII und X sind die kleinen Ausgaben von Puppe I in der Größe von 35 cm. Puppe VII erschien 1927 und Puppe X wurde ab ca. 1935 erstmals angeboten. Die größte Käthe-Kruse-Spielpuppe Nr. VIII, «Das Deutsche Kind», kam 1929 mit 52 cm heraus und zur gleichen Zeit Puppe Nr. IX, «Das kleine Deutsche Kind» in der Größe von 35 cm. Von Puppe XII, dem «Hampelchen», gibt es Versionen in den Größen 35, 40 und 45 cm (ab 1956 bis heute 47 cm). Von Puppe I bleibt nachzutragen, daß sie in den 40er Jahren von 43 cm auf 45 cm vergrößert wurde.

3. Stoffkopf/Hinterkopfnähte

Die frühen Käthe-Kruse-Puppen hatten oft eine so dünne Bemalung, daß die Struktur des Stoffes sichtbar ist; der Beweis für eine Stoffpuppe. Ist der Stoff nicht sichtbar, muß man sich den Hinterkopf der Puppe anschauen. Verlaufen dort in senkrechter Richtung drei Nähte, wie dies bei Puppe I, VII und XII der Fall ist, handelt es sich mit Sicherheit um einen Stoffkopf. Die Stoffköpfe der Puppen II, VIII, IX und X haben nur eine Hinterkopfnaht, die der Puppen V und VI können eine, aber auch drei senkrecht verlaufende Nähte haben. Selbst die Köpfe, deren Oberfläche zwar aus Stoff besteht, deren Basismaterial jedoch Pappe ist, zählen zu den Stoffköpfen, weil sie eine Hinterkopfnaht haben. Diese Naht ist manchmal so dick überstrichen, daß sie nicht sichtbar ist. Für diesen Fall empfiehlt es sich, die Perücke am Hinterkopf vorsichtig zu lösen. Handelt es sich um einen Stoffkopf, so wird die Naht sichtbar werden, anderenfalls kann man gewiß sein, daß es sich um einen Kunststoffkopf aus der Zeit ab 1955 handelt. Bis 1928 haben alle Käthe-Kruse-Puppen einen feststehenden bzw. locker angenähten Kopf, ausgenommen die im Jahre 1911 von Kämmer & Reinhardt gefertigten Exemplare, die einen Drehkopf und somit eine Naht am Hinterkopf hatten. Erst 1929 kam mit Puppe VIII der Drehkopf auf.

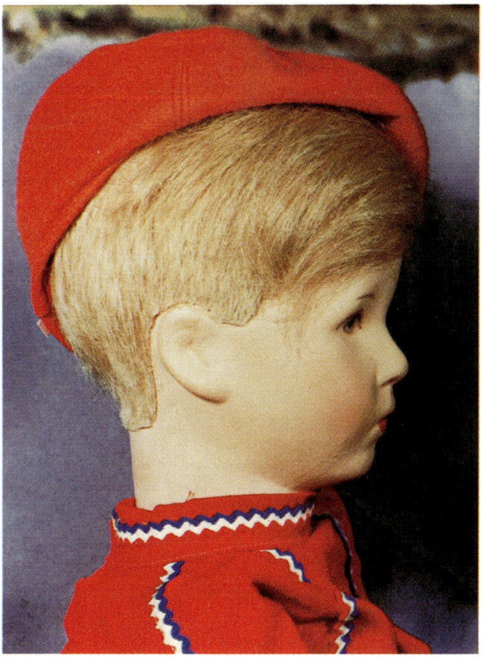

Das schöne Profil von Puppe VIII mit Jungenperücke im Fassonschnitt.

4. Gemalte Haare

Von 1910 bis 1929 hatten Käthe-Kruse-Puppen grundsätzlich nur gemalte Haare: also Puppe I, II, V/VI und VII. Nach diesem Zeitpunkt kamen Käthe-Kruse-Puppen mit Echthaarperücken auf, doch wurden auch solche mit gemalten Haaren, wie beispielsweise Puppe I, V/VI, VII, X und XII, weiter hergestellt, lediglich die Puppen VIII und IX hatten immer Perücken.

5. Gemalte Augen

Außer den Schildkröt-Puppen «Modell Käthe Kruse» mit Glasaugen ist allen Käthe-Kruse-Puppen gemeinsam, daß sie gemalte Augen haben. Das «Träumerchen», Puppe V/VI, hat geschlossene Augen und gemalte Wimpern. Letztere hat auch Puppe II, das «Schlenkerchen», das jedoch offene Augen hat. Sehr frühe Puppen haben fast immer eine gemalte Strahleniris, die aber auch nach 1940 vereinzelt anzutreffen ist.

6. Geschlossener Mund

Abgesehen von Puppe II, dem «Schlenkerchen», mit seinem offen-geschlossenen Mund, haben Käthe-Kruse-Puppen grundsätzlich einen geschlossenen Mund. Der Begriff «offen-geschlossener Mund» wird hier aus dem Sprachgebrauch der Porzellankopfpuppen übernommen. Er bedeutet, daß zwar die Lippen geöffnet sind, der Mund aber nach hinten geschlossen ist. Für die Bemalung des Mundes ist bis in die 50er Jahre der durchgezogene Oberlippenbogen charakteristisch, der keine Vertiefung hat.

7. Körper

Käthe-Kruse-Puppen haben grundsätzlich angenähte Arme, ausgenommen die wenigen von Kämmer & Reinhardt im Jahre 1911 gefertigten Exemplare mit Kugelgelenken. Die Beine der Käthe-Kruse-Puppen Nr. I, VII, VIII, IX, X und XII/I haben Scheibengelenke, die Beine vom «Schlenkerchen» (Puppe II) und vom «Träumerchen», Nr.

V/VI, Ausführung A), sind angeschnitten, während Ausführung B) und das «Hampelchen» locker angenähte Beinchen haben. Um eine anatomisch wirklichkeitsnahe Körperform und ebenso gut geformte Arme und Beine ausarbeiten zu können, bestand der Körperschnitt von Puppe I aus sehr vielen Einzelteilen, die wegen des festen Stoffes auf der Pelznähmaschine zusammengenäht werden mußten. Sodann wurden Rumpf und Glieder mit Rentierhaaren, die man aus Lappland bezog, fest gestopft und ausmodelliert. Jetzt kamen die Waden, Oberschenkel und Hüften bei dem gedrungenen, stämmigen Körperbau der Puppe I gut zum Vorschein. Natürlich folgte man auch dem sinnvollen Fortschritt durch differenzierte Herstellungsmethoden, die auch dem jeweiligen Puppentyp angepaßt wurden.

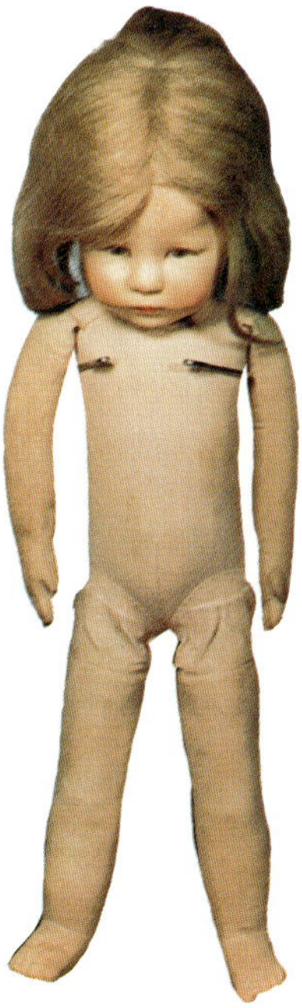

8. Breite Hüften
Ein besonderes Erkennungsmerkmal für eine alte Puppe I, I/H und VII sind ihre auffallend breiten Hüften, die bis etwa 1930 gemacht, dann aber schmaler wurden.

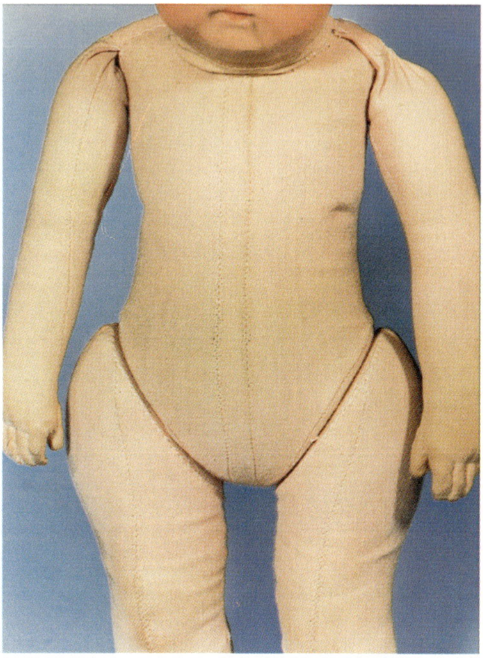

Neben den drei Hinterkopfnähten und den extra angenähten Daumen sind die breiten Hüften das wichtigste Erkennungsmerkmal für die Puppe I von 1930.

9. Angenähter Daumen
Neben einem alten Stoffkopf, gemalten Haaren und breiten Hüften, müssen die Puppen I, I/H und VII, wenn sie aus der Zeit vor 1930 stammen sollen, extra angenähte Daumen haben.

10. Arme
Außer den Puppen aus Zelluloid haben Käthe-Kruse-Puppen immer angenähte Arme.

Der schlanke «Hampelchen»-Körper mit seinen locker angenähten Ärmchen und Beinchen, Ausführung «Glückskind».

Selbst restaurieren?

Mit Geschick und Liebe hat eine Sammlerin dieses arg zerschundene Kruse-Puppenkind wieder hergerichtet. Sie benötigte hierzu nur etwas wasserlösliche Deckfarbe und ein wenig Modelliermasse für die Nase, in diesem Falle Fimo. Zum Glück waren die Augen fast vollständig erhalten, denn diese wird ein Laie mit ungeübter Hand nicht originalgetreu malen können. Einige Knitter weist diese Puppe im Gesicht und am Kopf allerdings auf, denn unter dem Stoff hatten sich bereits Hohlräume gebildet, die nur stellenweise mit Watte ausgestopft werden konnten. Da es sich hier um ein sehr frühes Exemplar einer Puppe I handelt, dürfte sich die Mühe gelohnt haben. Irgendwelchen Strapazen ist dieses Puppenkind allerdings in keiner Weise mehr gewachsen.

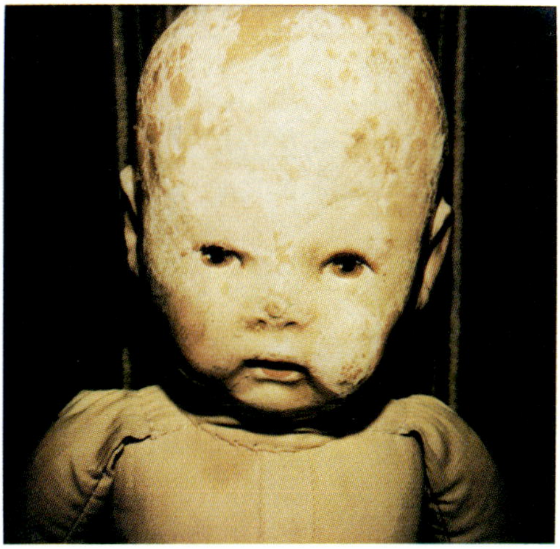

Schwer lädierte Puppe I mit fehlender Nasenspitze.

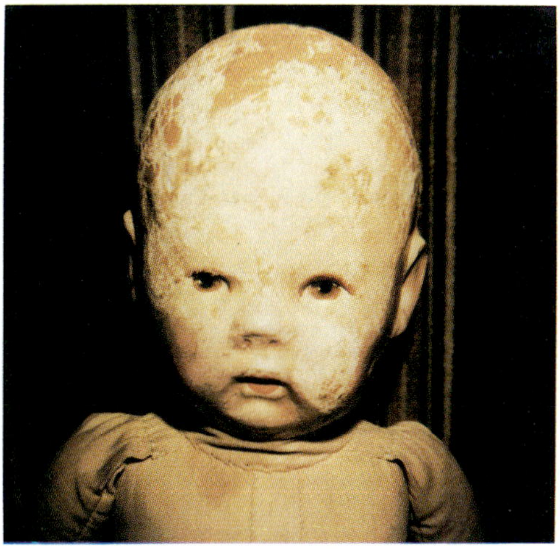

Nasenspitze mit Modelliermasse ergänzt.

Nach der Restaurierung von Gesicht und Bemalung.

Das fertige Puppenkind wieder zum Liebhaben.

Die Neuzeit: Käthe-Kruse-Puppen alter Kopftypen nach 1955

Köpfe aus Kunststoff
Anfang der 50er Jahre befanden sich die Kruse-Werkstätten in großen finanziellen Schwierigkeiten, und man mußte sich über eine Senkung der Herstellungskosten ernsthafte Gedanken machen. Es mußten neue Wege und vereinfachte Methoden gefunden werden. So wurde etwa ab 1952 bereits mit der versuchsweisen Produktion der Kunststoff-Puppenköpfe begonnen. Da aber jede Neuerung erst ausprobiert und eingeführt werden muß, lief nebenbei noch die Produktion der Stoffköpfe, die nach alter Methode mit dem Balancier mit starkem Druck geprägt wurden. Auch die Magnetsitköpfe wurden in dieser Zeit noch hergestellt. (Magnesit ist eine zementähnliche Masse.) Ab 1955 wurden jedoch sämtliche Spielpuppenköpfe aus Kunststoff gefertigt. Lediglich die Köpfe von Puppe V/VI («Träumerchen» und «Du Mein»), welche ja hauptsächlich für die Säuglingspflege gemacht wurden, bestanden noch bis ca. 1965 aus Magnesit.

Bemalung und Perücken
Die Bemalung der Gesichter erfolgte nach wie vor in Handarbeit; die Augenmalerei blieb die gleiche. Die Strahleniris wurde allerdings so gut wie gar nicht mehr gemalt, sie war auch in den 40er Jahren kaum noch zu finden.
Erwähnenswert bleibt noch, daß die Bemalung des Mundes in den 50er Jahren ihre Charakteristik – nämlich den durchgezogenen, ohne Vertiefung gemalten Oberlippenbogen – verlor. Von nun an wurden fast ausschließlich herzförmige Oberlippen – wie sie alle anderen Puppen auch haben – gemalt. Die Köpfchen der Käthe-Kruse-Puppen wurden nach 1955 vorwiegend mit Perücken ausgestattet, gemalte Haare gab es nur noch selten. In der Regel wurden handgeknüpfte Echthaarperücken verwendet, doch gab es von 1953 bis 1960 auch tressierte Echthaarperücken. Von 1961 bis 1976 – in einer Zeit, als Echthaar besonders teuer war – stattete man sämtliche Käthe-Kruse-Puppen mit handgeknüpften Kunsthaarperücken aus.
Nach 1976 verwendete man wieder ausschließlich handgeknüpfte Echthaarperücken. Als erste und einzige Käthe-Kruse-Puppe hat «Mummelchen» eine Mohair-Plüschperücke.
Was aber die gemalten Haare anbetrifft, so kann man zusammenfassend sagen, daß die Puppen «52 H» (vormals «Das Deutsche Kind»), das «Schummelchen» und «Flessibila» die einzigen Käthe-Kruse-Puppen waren, die niemals gemalte Haare hatten, während es alle anderen Puppen sowohl mit gemalten Haaren als auch mit Perücke gab.
Die Puppenkörper wurden zunächst noch nach alter Art und aus Nessel oder Trikot hergestellt und von Hand mit Rentierhaaren gestopft oder gewickelt, doch auch hier begann man bereits Mitte der 50er Jahre Kunststoff in die Herstellung einzubeziehen.
Nach wie vor verwendete man den gleichen Puppenkopf für Jungen- und Mädchenpuppen, paßte ihrem Typ lediglich die Perücke, Kleidung und den Namen an.

Signierung
Die Signierung blieb bis 1957 gleich; ab 1958 wurde zwar bei den meisten Puppen weiterhin der handgeschriebene Namenszug Käthe Kruse meistens auf die linke Fußsohle gestempelt, doch auf die zusätzliche Kontrollnummer verzichtete man. Statt dessen fing man 1958 an, das Herstellungsdatum auf die rechte Fußsohle zu stempeln. Dieser Datumstempel wurde allerdings noch nicht regelmäßig angewandt, das ist erst seit etwa 10 Jahren der Fall. Jede Puppe bekam außerdem ein Firmenschildchen umgehängt.

Puppe «47H», mit Kunststoffkopf, Echthaarperücke, 1983, das frühere Hampelchen

EGON WIEDLING
Fanny
Theatiner Str. 13
EGON WIEDLING
Theatiner Str. 13
Made in Germany

Ende der alten Nummern und Namen

In den 50er Jahren hörte man auf, die damals produzierten Käthe-Kruse-Puppen mit den bis dahin üblichen Sammelbezeichnungen wie beispielsweise Puppe Nr. VIII («Das Deutsche Kind»), Puppe Nr. IX («Das kleine Deutsche Kind») und Puppe Nr. XII («Hampelchen») zu benennen. Lediglich das «Du Mein» wird bis auf den heutigen Tag im Katalog noch mit seinem alten Namen bezeichnet, während das «Träumerchen» offiziell nicht mehr aufgeführt ist, im Einzelfall jedoch bestellt werden kann. Die anderen Puppen der alten Typen wurden nur noch nach ihrer Größe benannt und erhielten Zusatzbuchstaben wie

B für Babypuppe
H für Haare
G für gemalte Haare.

So hieß beispielsweise Puppe Nr. VIII («Das Deutsche Kind») im Katalog nun einfach «Puppe 52 cm H» und wenige Jahre später nur «52 H».

Das frühere «Deutsche Kind» wie es sich heute als Puppe «52 H» mit Kunststoffkopf präsentiert.

Die Produktion der Puppe Nr. II («Schlenkerchen») hatte man bereits in den 30er Jahren und die der Puppen Nr. VII und X («Die kleine Käthe-Kruse-Puppe») Anfang der 50er Jahre eingestellt.
Immer wieder fragen Sammler, was denn aus der ersten Käthe-Kruse-Puppe bzw. aus dem Kopftyp der Puppe I geworden ist. Die Recherchen hierzu haben ergeben, daß dieses Köpfchen von 1956 bis 1957 für die Puppe «Schummelchen» und von 1963 bis 1968 für die Puppe «Flessibila» weiterhin hergestellt wurde. Für sie wurden drei verschiedene Köpfchen zur Auswahl angeboten. Nach 1968 wurde der Kopftyp von Puppe I bis heute nicht mehr verwendet.

Beschreibung der nach 1950 produzierten Puppen «Modell Käthe Kruse»

«Das schlanke Enkelkind»
Zum 40jährigen Firmenjubiläum, welches 1952 gefeiert wurde, kam «Das schlanke Enkelkind» heraus. Sein Köpfchen (es handelte sich hier um den «Friedebald»-Kopf) hat ein drehbares Hälschen und besteht meistens noch aus Stoff, später aber auch aus Kunststoff. Diese Puppe trägt eine tressierte oder handgeknüpfte Echthaarperücke, der Körper ist aus Nessel und wurde mit Rentierhaaren handgestopft, die Beine sind mit Scheibengelenken befestigt. Da alle Körperteile aber besonders schlank sind (was schon der Name besagt), war das Stopfen besonders schwierig und langwierig, so daß man die Produktion dieses Puppenkindes bereits 1956 wieder aufgab. Die Signierung erfolgte unterschiedlich, rechts oder links auf einer Fußsohle mit dem Käthe-Kruse-Namenszug, auf der anderen mit der entsprechenden Nummer.

Das 1952 herausgebrachte, 47 cm große «Schlanke Enkelkind», einmal mit Bubikopfperücke, das andere Mal mit Zöpfen.

Schildkröt-Puppen «Modell Käthe Kruse» aus Zelluloid/Tortulon/Demiflex

Damit eine besonders preiswerte Käthe-Kruse-Puppe hergestellt werden konnte, entschloß sich Käthe Kruse, mit der Firma Rheinische Gummi- und Celluloid-Fabrik (Schildkröt-Werke) zusammenzuarbeiten und eine Käthe-Kruse-Puppe aus Tortulon bzw. Demiflex, Mischungen aus Zelluloid und Kunststoff, herzustellen. Mit diesem Schritt mußte sie ihren eigenen Prinzipien von einer weichen, warmen Stoffpuppe untreu werden. So erteilte sie die Genehmigung, daß die Schildkröt-Werke gegen eine Lizenzgebühr zwei Puppen nachmodellieren und im Stil der Käthe-Kruse-Puppen unter der Bezeichnung Schildkröt-Puppen «Modell Käthe Kruse» herausbringen durften.

Von 1955 bis etwa 1961 wurden zwei verschiedene Schildkröt-Modelle in unterschiedlicher Kleidung, Frisur und Größe herausgegeben. In einem Schildkröt-Prospekt von 1961 wurden unter anderem Märchenpuppen mit den Namen «Rotkäppchen», «Hans im Glück» sowie «Hänsel und Gretel» angeboten. Schildkröt-Puppen «Modell Käthe Kruse» waren in folgenden Versionen zu haben:

- mit modellierten und gemalten Haaren sowie gemalten Augen oder
- mit modellierten und gemalten Haaren sowie Glasaugen oder
- mit tressierter Perücke aus Echt- oder Kunsthaar sowie gemalten Augen oder
- mit tressierter Perücke aus Echt- oder Kunsthaar sowie Glasaugen oder
- mit Kopf aus Demiflex und eingenähter Perücke sowie Glas-Schlafaugen, letztere laut Katalog 1961 mit Namen wie «Monika», «Susi», «Gretel» und «Toni».

Die Bemalung der Köpfe erfolgte durch Aufspritzen der Farbe, Augen und Mund wurden mittels Schablonen aufgetragen. Bei diesen Puppen sind die Körper immer aus Kunststoff, die Arme und Beine wurden mit Gummiband und Metallhaken befestigt. Bekannte Größen sind 35, 40 und 45 cm. Diese mit einer Schildkröte und dem Zusatz «Modell Käthe Kruse» signierten Puppen wurden nur von der Firma Rheinische Gummi- und Celluloid-Fabrik vertrieben. Die Schildkröt-Puppen «Modell Käthe Kruse» wurden jedoch kein Erfolg, und so stellte man die Produktion etwa 1961 wieder ein.

Ab 1955 bestanden auch die meisten Köpfe der originalen Käthe-Kruse-Puppen aus Tortulon mit Echthaarperücken. Ihre Stoffkörper waren wie üblich handgestopft, die Signierung befindet sich auf der linken Fußsohle. Da diese Puppen jedoch keinen großen Anklang fanden und die Farben im Gesicht schlecht hielten, stellte man diese Produktion bereits 1958 wieder ein.

Links original Käthe-Kruse-Puppe mit Zelluloidkopf; rechts Schildkröt-Puppe «Modell Käthe Kruse», ganz aus Zelluloid.

In diesem Brief des Jahres 1955 erklärt Käthe Kruse die Gründe für die Herstellung der Zelluloidpuppen.

Ja - da ist sie also nun:

Die neue Schildkröt-Puppe Modell Käthe Kruse

und das ist gewiß für viele meiner Anhänger und Freunde eine große Überraschung.

Und man wird mich fragen: „Mußte das sein? Hat Käthe Kruse nicht immer nur für die weiche, die anschmiegsame Puppe plädiert? — Ja, und nun nach 40 Jahren läßt sie also eine Puppe herausbringen aus einem harten Material, unter ihrem Namen."

Ich möchte den vielen und begreiflichen Fragen gleich von vornherein begegnen. Einmal sagt sich's leichter als immer wieder.

Ja — ich bin und ich bleibe natürlich ein Freund der weichen, der warm anfühlbaren Puppe, und ich werde weiterhin in meinem Donauwörther Betrieb die weichen Käthe-Kruse-Puppen herstellen lassen.

Man hat mich nun oft und unzählige Male gefragt: „Machen Sie doch Ihre Puppen billiger — können Sie Ihre Puppen nicht billiger machen?" Ich bekomme Briefe über Briefe, in denen diese Bitte an mich herangetragen wird, und ich muß immer wieder sagen: „Nein, ich kann meine ganz aus Stoff und in Handarbeit hergestellten Puppen nicht billiger machen, und deshalb werden sie für einen großen Käuferkreis ausgeschlossen bleiben und für unzählige kleine Mädchen, die sie zärtlich lieben würden. Und das ist schade. —"

Aber auch diese unzähligen kleinen Mädchen sollen ihre Käthe-Kruse-Puppe haben. Und wenn für sie und ihre Eltern der Preis für meine Original-Puppen unerschwinglich ist, dann muß eine billigere Herstellung gefunden werden, die trotzdem die Schönheit der Käthe-Kruse-Puppen und die Besonderheit ihres Ausdrucks voll zur Geltung bringt.

Und so, sehen Sie, ist eigentlich diese Idee geboren worden. Um die Käthe-Kruse-Puppe billiger herstellen zu können und ihr nun endlich die lange gewünschte weite Verbreitung zu verschaffen, habe ich bei der neuen Puppe den Verzicht geleistet auf das weiche Material und auf die eigene Fertigung. Ich habe mich dazu um so leichter entschließen können, als die harte Puppe sich seit Jahrzehnten einen großen Markt in der ganzen Welt erobert hat, und weil ich die Herstellung dieser neuen Puppe mit dem größten Vertrauen in die Hände der ältesten, bekanntesten und führenden Puppenfabrik legen konnte, nämlich in die Hände der Rheinischen Gummi- und Celluloid-Fabrik, Mannheim-Neckarau. Sie bietet mir in Anbetracht ihrer großen Erfahrung, ihres seit 60 Jahren begründeten hervorragenden Rufes für Qualitätserzeugnisse und ihrer Fortschrittlichkeit in bezug auf neue Fabrikationsmethoden die absolute Gewähr dafür, daß diese neue Puppe in einer Ausführung, die keine Wünsche offenläßt, erscheinen und die helle Begeisterung der Kinderwelt hervorrufen wird.

Das Verständnis, welches man meinen Wünschen, die nicht immer leicht zu begreifen und zu erfüllen gewesen sind, entgegenbrachte, und die Liebe, mit der auch die Herren der Rheinischen an diese für sie neue Aufgabe herangegangen sind, scheinen mir ein schönes Omen für die Zukunft dieser neuen Puppe zu sein.

Ich bitte Sie deshalb, nehmen Sie diese neue Schöpfung herzlich und freudig auf. Ich glaube an einen Erfolg und hoffe, daß auch Sie sich freuen werden. Uns allen wünsche ich viel Glück auf diesem ganz neuen Wege.

Ihre Käthe Kruse

Schildkröt Puppen

SCHILDKRÖT-Puppen DEMIFLEX Modell Käthe Kruse Größe 40 cm

beweglicher Kopf, Schlafaugen, lebensechtes Saran-Haar, Einzelkleidung
movable head, sleeping eyes, lifelike Saran-hair, individual dresses

Monika
Hoch-Frisur
Nr. 7 / 5994 / 40 / 102
DM 395,–

Susi
Kurzhaar-Frisur
Nr. 7 / 5974 / 40 / 36
DM 395,–

Gretel
Zopf-Frisur
Nr. 7 / 5934 / 40 / 38
DM 395,–

Gretel
Zopf-Frisur
Nr. 7 / 59144 / 40 / 37
DM 375,–

Gretel
Zopf-Frisur
Nr. 7 / 59124 / 40 / 39
DM 375,–

Toni
Kurzhaar-Frisur
Nr. 7 / 5964 / /40 / 1
DM 345,–

Preise per 10 Stück brutto, Packung 1 Stück

SCHILDKRÖT-Märchenpuppen DEMIFLEX Modell *Käthe Kruse*

mit Märchenschallplatte

beweglicher Kopf, Schlafaugen, lebensechtes Saran-Haar
movable head, sleeping eyes, lifelike Saran-hair

Rotkäppchen
Zopf-Frisur
Nr. 7 / 5934 / 40 / 22
DM 375,–

Schallplatte
DM 25,–

Hans im Glück
Kurzhaar-Frisur
Nr. 7 / 5964 / 40 / 63
DM 345,–

Hänsel
Kurzhaar-Frisur
Nr. 7 / 5964 / 40 / 50
DM 295,–

Gretel
Zopf-Frisur
Nr. 7 / 5934 / 40 / 52
DM 345,–

Schallplatte
DM 25,–

Originalseiten aus dem Schildkröt-Prospekt 1961 mit den Zelluloid-Puppen «Modell Käthe Kruse». Besonders interessant sind die Preise.

«Schummelchen»
Puppe «45 H»

Diese Puppe kam 1956 in einer Größe von 45 cm mit dem Kopftyp der alten Puppe I heraus, der nun aber aus Kunststoff gefertigt und mit einer handgeknüpften oder tressierten Echthaarperücke versehen wurde.

Ihr Körperchen, hergestellt aus Schaumstoffolie, die über einem Drahtskelett modelliert und mit Trikot bezogen wurde, war eine große Novität. Das Neue war der Schaumstoff, denn das Drahtskelett fand ja bereits im «kleinen Soldaten», im «Schlenkerchen» und «Du Mein» Verwendung. «Schummelchen» war sehr beweglich und konnte viele menschenähnliche Bewegungen ausführen.

Den damaligen Katalogen sind die Namen «Scampolo», «Wickel», «Wackel» und «Biball» zu entnehmen. Signiert wurde das «Schummelchen» mit dem Käthe-Kruse-Namenszug und einer Nummer auf der rechten Fußsohle. Die Produktion der Puppe wurde bereits 1957 wieder eingestellt.

«Du Mein», Puppe «50 BH» (Baby mit Haaren) und mit offenen Augen

Wie bereits vorher erwähnt, durfte Puppe «Du Mein» auch nach 1950 ihren alten Namen behalten. Sie wurde aber nur noch in der Größe von 50 cm produziert und fast immer mit einer weißblonden Perücke ausgestattet. Mit gemalten Haaren oder in 60 cm Größe (Puppe VI) wird sie nur noch ganz selten, auf besondere Bestellung gefertigt. Das «Träumerchen» mit geschlossenen Augen wurde und wird nur auf Bestellung, fast ausschließlich für die Säuglingspflege geliefert. Es hat immer gemalte Haare, einen aufgenähten Bauchnabel und ist mit Bleigewichten beschwert, so daß es 5 Pfund wiegt.

«Du Mein» und «Träumerchen» gab es zunächst noch bis ca. 1965 mit Magnesitkopf, während der Körper sogar bis Anfang 1970 nach dem alten Wickelverfahren mit Trikotbezug hergestellt wurde (s. Seite 42). Danach und bis heute wird es mit Kunststoffkopf gefertigt. Der Körper besteht aus formgeschäumten Kunststoffteilen, die mit Trikot bezogen werden, die Arme sind wie bei allen Käthe-Kruse-Puppen angenäht. Das «Du Mein» ist nicht beschwert und hat keinen Bauchnabel. Signierung: Bis 1958 mit Namenszug und Nummer auf der linken Fußsohle, dann Namenszug links und Datumstempel rechts.

Puppe «52 H» (früher Puppe VIII, «Das Deutsche Kind» mit dem «Friedebald»-Kopf von Igor von Jakimow)

Diese traditionsreiche Puppe präsentiert sich wie eh und je in der Größe von 52 cm, bekam aber nach 1955 auch einen Kunststoffkopf, den eine handgeknüpfte Echthaarperücke ziert. Als einzige Puppe der alten Kopftypen behielt sie bis heute ihren handgestopften Nesselkörper. Ihre Arme sind angenäht, die Beine mit Scheibengelenken befestigt, die Fußsohlen mit Pappe verstärkt. In den Jahren von 1957 bis 1969 wurde die Puppe «52 H» nicht produziert. Signierung: bis 1958 mit Namenszug und Nummer auf der linken Fußsohle, dann Namenszug links und Datumstempel rechts.

Puppe «35 H» (früher Puppe Nr. IX, «Das kleine Deutsche Kind» mit dem verkleinerten «Friedebald»-Kopf von Igor von Jakimow)

In ihrer Größe von 35 cm wird diese Puppe ununterbrochen bis heute hergestellt, seit 1955 allerdings auch mit Kunststoffkopf, während der Körper bis 1977 nach der alten Art gestopft wurde. Die Beine wurden mit Scheibengelenken befestigt, und erst nach 1977 besteht der Körper aus formgeschäumten und beflockten Kunststoffteilen, die mit Trikot bezogen werden. Während die Arme angenäht sind, werden die Beine durch einen neuartigen Mechanismus am Körper so angeschraubt, daß die Beweglichkeit erhalten bleibt.

Auch diese Puppe ist auf der linken Fußsohle mit dem Namenszug Käthe Kruse und dem Datumstempel rechts signiert.

Puppe «35 BH» (Baby mit Haaren)
Die gleiche Puppe «35» gibt es seit 1956 auch als Baby (siehe nebenstehend) mit handgestopftem Nesselkörper und mit angenähten, lockeren Beinchen. Da diese Beinchen eine gewölbte Fußsohle haben, hatte diese Puppe bis 1982 keine Signierung, ihr wurde nur das bekannte Firmenschildchen umgehängt. Ab 1982 jedoch wird sie mit dem Käthe-Kruse-Namenszug gestempelt.

Puppe «47 H» (entstanden aus Puppe XII, dem «Hampelchen», bis 1952 mit lockeren Beinchen, jetzt aber mit Scheibengelenken, fest stehend)
Auch hier ist die Puppenbezeichnung identisch mit ihrer Größe, also 47 cm. Puppe «47 H» wird jetzt ausschließlich mit einem von Igor von Jakimow modellierten Kopf in Kunststoff produziert. Sie ist immer mit einer Perücke ausgestattet.
Bis 1973 wurde ihr Körper aus handgestopftem Nessel gefertigt. Ab 1973 hat sie einen Körper aus formgeschäumten Kunststoff-Körperteilen, die mit Trikot bezogen werden, sowie beweglich verschraubte Beine.
Puppe «47 H» ist auf der linken Fußsohle mit dem handgeschriebenen Namenszug Käthe Kruse signiert; seit 10 Jahren ist auf derselben Fußsohle auch das Datum gestempelt. Um den Hals trägt sie ein Firmenschildchen.

Puppe «47 BH» (Baby mit Haaren)
Als Babypuppe hat Puppe «47 BH» immer einen handgestopften Nesselkörper und angenähte Beinchen.
Signierung: Zunächst keine, da die Fußsohlen gewölbt sind, ab 1982 wird jedoch mit dem Käthe-Kruse-Namenszug gestempelt und das obligate Firmenschildchen umgehängt.

Oben: Puppe «35 BH» mit angenähten Beinen. Darunter Puppe «52H» mit Pferdeschwanz (50er Jahre).

Das «Schummelchen» von 1956. Daneben zwei «Du Mein», 1983, Kunststoffkopf mit und ohne Haare.

Original
Käthe Kruse
Stoffpuppe
Made in Germany

Käthe-Kruse-Puppen «Modell Hanne Kruse»

Frau Adler-Kruse mit ihren Puppenschöpfungen «Graziella», «Däumlinchen», «Rumpumpel» und «Flessibila«.

Hanne Adler-Kruse, drittälteste Kruse-Tochter, hat seit den 50er Jahren die Entwicklung des Unternehmens in Donauwörth wesentlich beeinflußt. Vor allem waren es ihre Puppen-Neuschöpfungen, die dem Betrieb Impulse gegeben haben. Wie sie dazu kam, selbst Puppen zu entwerfen, ob es ihr leicht oder schwer fiel und welche ihrer Puppen Erfolg hatten oder bald wieder aus der Produktion genommen wurden, hat sie für die Leser dieses Buches niedergeschrieben:

Ich werde manchmal gefragt, wie ich zu meinen Entwürfen komme. Mit dieser Frage verbindet sich immer wieder die merkwürdige Vorstellung, daß ich gewissermaßen brütend überlege, was ich nun machen soll und wie es aussehen soll. Nein, ich mache keine «Entwürfe» und ich denke mir auch nichts aus. Ein Entwurf ist in meiner Vorstellung etwas, was man nachher zur Ausführung anderen Menschen in die Hand geben kann, die den Entwurf dann «fertigungsreif» machen. Bei mir ist das immer ganz anders. Ich habe jede Puppe bis zur Fertigung selbst entwickelt. Eigentlich habe ich auch nie die Vorstellung gehabt, etwas machen zu müssen, damit wir «höhere Umsätze» machen. Stattdessen möchte ich lieber sagen, die Ideen kamen immer aus der Arbeit heraus. Wie es auf diese Weise zu meinen Puppenkindern gekommen ist, will ich aber gerne erzählen.

«Däumlinchen» *sollte ein Jesuskind für einen Kalender werden. Nicht mehr als eine einzige Puppe zum Fotografieren. Eigentlich brauchte es nicht einmal ein Gesicht zu haben, man könnte es ja der Maria so in den Arm geben, daß man nur etwas Körperhaftes bei ihr empfindet. Damals hatte ich noch keine Ahnung, daß ich etwas »konnte«. Ich kam auch nicht etwa aus dem Betrieb wie meine Schwester und hatte bis zu diesem Zeitpunkt kaum Beziehung dazu gehabt. Als junges Mädchen war ich einmal ein Jahr lang in der Kunstgewerbeschule gewesen, um zu modellieren. Ich modellierte auch einen Männerakt, aber eigentlich interessierte mich die Sache herzlich wenig. Als ich aber anfing, das Köpfchen für das Jesuskind zu modellieren, entdeckte ich, daß etwas dabei herauskam. Nicht gerade sehr großartig, aber ich konnte etwas erkennen. Und so habe ich dieses kleine Machwerk mit mir herumgetragen, dorthin, wo ich mich gerade aufhielt, damit mich nur niemand bei einer Tätigkeit entdeckte, mit der ich nicht beauftragt war. Es wurde!*
Man macht nicht einen Puppenkopf aus Ton und Gips. Man «sitzt nicht nur vor einer Staffelei und brütet»,wie einmal ein Reporter schrieb.
Ich arbeite ohne Vorlage, also ohne Zeichnung und auch ohne präzise Vorstellung, zuerst das Köpfchen aus Ton, soweit ich es eben in Ton ausarbeiten konnte, es war ja

sehr klein. Man muß bedenken, daß das ganze «Däumlinchen» nur 25 cm groß ist. Dann wurde es abgegossen in Gips und das so entstandene Gipsköpfchen überschliffen. Dieses Beschleifen ist eine ganz wichtige Arbeit, kann man damit doch alles verderben. Gewöhnlich schaffte ich es nicht mit einem Schliff und brauchte meist mehrere Abgüsse und wiederholtes Schleifen. Aber das ist schließlich mein Unvermögen, denn ich bin ja kein Bildhauer und verfüge über keinerlei Ausbildung und Technik.

Es kam also der Tag, wo das Köpfchen fertig war. Da gab ich es in die Malstube, ich glaube, es wurde zuerst als schlafendes Baby gemalt. Aber dann wurden ihm die Augen geöffnet, und es bekam eine Perücke aufgesetzt. Das war der Moment, wo ich das Jesuskind vergaß. Ich ließ mir nämlich ein Skelettchen machen, nahm eine Schaumstoffolie und machte mir einen Körperschnitt aus etlichen Einzelteilen, die ich zusammenklebte, überzog das Körperchen mit Trikot, steckte den Kopf darauf, und da war es dann eben auf einmal ein sehr süßes, kleines Puppenmädchen.

So war das, und niemand war erstaunter als ich selbst. Das war so gegen Weihnachten, und zur Spielwarenmesse Anfang Februar 1957 kam es das erste Mal mit. Und es war ein großer Erfolg. «Däumlinchen» war mein größtes Abenteuer.

Zwei Püppchen aus der «Doggi»-Vinylserie mit dem Kopf von «Däumlinchen».

Die Puppe «Rumpumpel», «Modell Hanne Kruse».

«Rumpumpel», *das als nächstes Kind zur Welt kam, war aus dem Gedanken entstanden, ein Baby zu machen. Denn ein Baby hatten wir bis dahin unter den Spielpuppen gar nicht gehabt. Unser «Baby 35» hatte ja den «Friedebald»-Kopf, der doch aber nicht der eines ganz kleinen Kindes war. Und auch die Gliedmaßen wollte ich babyhafter geformt haben. Mehr weiß ich darüber eigentlich nicht zu sagen, als daß ich lange Zeit brauchte, bis ich das Köpfchen so weit hatte, daß ich sagen mußte: Besser kannst Du es halt nicht.*

Ganz allgemein muß ich sagen, daß das immer der Moment war, an dem ich eine Sache aus der Hand legte. Nicht weil ich sie «vollkommen» fand, sondern weil ich sie nicht besser machen konnte. Und leicht ist mir überhaupt n i c h t s geworden.

Dennoch empfinde ich dieses künstlerische Tun nicht so sehr als Tat, so sehr man sich auch damit abmühen mag, sondern doch eigentlich immer so, als ob einem etwas geschenkt würde. Es kommt auch eigentlich immer der Moment, wo man nicht mehr der Gestalter ist, sondern sich das Verhältnis wendet. Wo nämlich das Geschaffene die Führung übernimmt und man selbst nur der Ausführende ist. Das wird wohl jedem Künstler so gehen, wenn ich mich einmal als Künstler bezeichnen darf.

«Graziella»: *Die Anregung zu «Graziella» bekam ich, als ich einmal in einem Spielwarengeschäft einen Hampelmann sah. Ich dachte einfach «das kannst Du besser». Ich wollte eben keinen Hampelmann machen, sondern etwas Bewegbares, Nicht-Zappelndes, etwas Dekoratives auch. Ich hatte diese kleine Figur aus Holz sehr gern, aber sie paßte nicht in unser textilverarbeitendes Programm, und so stellten wir ihre Fertigung wieder ein.*

Vielerlei Bewegungen konnte «Graziella», eine flache Puppe aus Holz und Stoff, ausführen.

«Flessibila»: *Ein Kapitel für sich! Zuerst, und das war der Ausgangspunkt, wollte ich eine große Puppe haben, die sich voll bewegen konnte. Es schwebten mir wohl die Puppenstubenpuppen meiner Mutter vor. Da sich das Skelett in Draht nach altem Muster dafür nicht herstellen ließ, wurde ein sehr aufwendiges Kunststoffskelett entwickelt (den Kopf dazu hatte ich schon vorher einmal gemacht). Damals hatte ich eine weiche Puppe «ganz aus Stoff» machen wollen, überzogen mit einem ganz weichen Stoff. Man sollte mit der flachen Hand über das Gesichtchen streichen können, wie etwa über ein Katzengesicht. Jetzt, wo ich das hier niederschreibe, spüre ich, daß da irgendwo mein Vater aus mir spricht, von dem das Wort «Gefühl kommt vom Anfühlen», stammt (ob das wirklich stimmt?). Ich hatte etwas besonders Zärtliches im Sinn gehabt mit der Puppe, zu der der Kopf ursprünglich modelliert worden war. Diese Puppe, die bei mir «zauberisches Wesen» hieß, ist nur im Entwurf entstanden und niemals ausgeführt worden, und so hatte ich den überzogenen Kopf frei für «Flessibila».*

«Flessibila» war auch sehr niedlich, sie konnte natürliche Stellungen einnehmen, und ich habe sie noch heute sehr gern. Das Skelett aber war nicht ausgereift und der Körper eigentlich auch nicht. Er war, wie «Däumlinchen» ursprünglich, aus einzelnen Schaumstoff-Schnitteilen zusammengeklebt und die Fertigung war zu schwierig. So wurde die Fertigung eingestellt. Zweifellos aber war «Flessibila» das ganz aus dem Rahmen fallende Kind unserer Serie, das einer Käthe-Kruse-Puppe eigentlich nicht mehr ähnlich sah.

Meine Idee einer Puppe aus Stoff habe ich übrigens dann doch noch einmal verwirklicht, nämlich in meinem Letztgeborenen, dem **«Mummelchen»**. *Da hatte ich eine Puppe machen wollen, die für das Kleinkind so richtig zum Herumziehen geeignet ist, die immer niedlich aussieht, wo sie auch hingeworfen und vergessen wird, die sich zärt-*

lich anfühlt, die noch angenehmer im Bettchen sein muß, weil ihr Kopf weicher ist als unsere übrigen Köpfe, die eigentlich noch «kindgemäßer» ist und die sich leichter fertigen ließ. Daß ich den weichen Stoff als Haut verwenden konnte, war nur dem Umstand zu verdanken, daß wir inzwischen die Formschäumung so weit entwickelt hatten, daß die einzelnen Gliedmaßen nicht mehr, wie bei den «klassischen» Käthe-Kruse-Puppen gestopft werden, sondern umgekehrt, die fertigen Gliedmaßen nun in eine Haut hineingesteckt werden. Auch der Kopf ist formgeschäumt.

In mancher Beziehung haben wir sehr ungern auf die alten Herstellungsmethoden verzichten müssen, aber unsere moderne Technik hat auch in Vielem neue Möglichkeiten erschlossen. Trotzdem wird es immer unsere Aufgabe sein, das Alte zu pflegen und zu erhalten und uns der Wurzeln bewußt zu bleiben. So werden wir niemals auf die menschliche Hand verzichten, uns niemals aus unserem Garten hinausbewegen, sondern nur in ihn hineinholen, was dort gedeihen kann. *Hanne Adler-Kruse*

Das reizende «Mummelchen», «Modell Hanne Kruse», ist auch als Hemdmatz zu haben.

«Flessibila» wurde 1966 wahlweise mit drei Köpfen angeboten: links mit «Flessibila»-Kopf, Mitte Kopf von Puppe VIII und rechts mit dem von Puppe I.

Beschreibung der Käthe-Kruse-Puppen «Modell Hanne Kruse»

Mit Einführung der neuen Puppen «Modell Hanne Kruse» gab man diesen Puppen außer der Nummern- und Buchstabenbezeichnung wieder individuelle Sammelnamen, wie «Däumlinchen», «Rumpumpel», «Flessibila», «Graziella», «Doggi» und «Mummelchen».

«Däumlinchen», «Modell Hanne Kruse», 25 cm groß – 1957
Im Jahre 1957 wurde das «Däumlinchen», ein drolliges, biegsames 25 cm großes Püppchen mit einem völlig neuen, von Frau Hanne Adler-Kruse modellierten, drehbaren Köpfchen, das aus Kunststoff hergestellt wurde, eingeführt. Sein äußerst bewegliches Körperchen hat ein Drahtskelettchen, über dem anfangs zugeschnittene Teile aus Schaumstoffolie zusammengeklebt wurden. Später hat man das Drahtskelettchen in den Körper eingeschäumt und mit Trikot bezogen.
Das «Däumlinchen» erfreute sich schon nach kurzer Zeit großer Beliebtheit und wurde in verschiedenen Ausführungen angeboten:

- stehend mit offenen, gemalten Augen,
- ab 1960 als Negerchen mit gekrauster Echthaarperücke,
- als Baby mit lockeren Beinchen und locker fallendem Köpfchen (Körper aus formgeschäumtem Kunststoff mit Trikot bezogen),
- wahlweise mit offenen oder geschlossenen, gemalten Augen und auf Wunsch mit gemalten Härchen.

Alle stehenden «Däumlinchen» werden mit handgeknüpften Echthaarperücken, wahlweise in den Haarfarben blond, dunkel oder rot geliefert. Von 1967 bis 1982 wurden sie auch mit gemalten Haaren angeboten. Heute sind sie in dieser Ausführung nur auf Sonderwunsch erhältlich. Alle rothaarigen «Däumlinchen» haben Sommersprossen und sind besonders niedlich. «Däumlinchen» hat für die Signierung zu kleine Fußsohlen, so daß ihm im Rücken ein Band mit dem Namenszug Käthe Kruse eingenäht und ein Firmenschildchen um den Hals gehängt wird.

«Rumpumpel», 32 H und 32 BH», «Modell Hanne Kruse», 32 cm groß – 1959
«Rumpumpel» – 32 cm groß – ist das zweite von Frau Hanne Adler-Kruse modellierte Kleinkind unter den Käthe-Kruse-Puppen und kam 1959 auf den Markt. Es hat ein drehbares Kunststoffköpfchen mit Perücke, war aber auch in den Jahren von 1967 bis 1970 mit gemalten Haaren zu haben. Sein Körperchen war und ist immer aus Nessel hergestellt und von Hand mit Rentierhaaren gestopft. Die Beine sind mit Scheibengelenken befestigt. «Rumpumpel» gibt es auch als Babypuppe, ebenfalls mit handgestopftem Nesselkörper, aber mit locker hängenden Beinchen. Mit geraden Beinchen als Kleinkind ist «Rumpumpel» mit dem handgeschriebenen Namenszug Käthe Kruse auf der linken Fußsohle signiert. Auf der rechten steht der Datumstempel. Die Babypuppe wurde erst ab 1982 signiert.

«Flessibila», «Modell Hanne Kruse», 49 cm groß – 1963 bis 1968
Viele Sammler und Liebhaber der Käthe-Kruse-Puppen werden erstaunt sein, wenn sie «Flessibila» – eine Schöpfung von Frau Hanne Adler-Kruse – zum ersten Mal betrachten. Sie stellt ja eine absolute Außenseiterin unter den vertrauten Puppenkindern dar. Während sich «Däumlinchen» und «Rumpumpel» harmonisch in den Kruse-Reigen einfügen, tanzt «Flessibila» völlig aus der Reihe, ist sie doch ein supermodernes Geschöpfchen, mit dessen leicht stilisiertem Gesichtchen ein neuer Versuch gewagt werden sollte.
«Flessibila» bekam einen handgemalten Kunststoffkopf mit tressierter oder hand-

Gruppenfoto mit «Flessibila» (Mitte), vor ihr das «Däumlinchen» mit seinem schwarzen Schwesterchen und rechts das «Rumpumpel».

geknüpfter Echthaarperücke. Ihr Körper war aus Schaumstoffteilen zusammengeklebt und mit Trikot bezogen. Ihre Beweglichkeit verdankte sie einem von Heinz Adler entwickelten Kunststoffskelett, durch das sie praktisch die gleichen Bewegungen wie ein Kind ausführen konnte. Einmalig an «Flessibila» war auch, daß sie wahlweise mit drei verschiedenen Köpfen angeboten wurde (s. Seite 83), nämlich mit Kopf I, Kopf VIII und «Flessibila»-Kopf. Da fast alle Käufer die gewohnten, alten, lieb gewordenen Gesichtchen wählten, wurde sie kein Erfolg, und man stellte ihre Produktion wieder ein.
Signierung: wie üblich auf der linken Fußsohle; sie trägt ein Firmenschildchen um den Hals.

Marken-Umhängeschild von «Däumlinchen», Originalgröße, 1983.

«Graziella», «Modell Hanne Kruse»
«Graziella» wurde in den Jahren 1963 bis 1967 produziert und war 47 cm groß. Sie war Spielzeug, Wandschmuck und Zeichenmodell in einem und bestand aus flachem Holz. Lustige Wollhaare in den Farben beige, rostrot, gelb und orange zierten ihr Köpfchen, und sie besaß beinahe unerschöpfliche Bewegungsmöglichkeiten. Im Jahre 1967 wurde sie im Prospekt in einem blauen Seidenkleidchen oder im roten Tanzanzug, im bunt gestreiften Hängerkleidchen oder in Spielanzügen angeboten.
Signierung: auf der Rückseite des linken Fußes mit Käthe Kruse – «Modell Hanne Kruse» – gestempelt.

«Badebaby», Kopf «Modell Hanne Kruse»
Das «Badebaby» kam 1963 auf den Puppenmarkt und wurde bis 1974 gefertigt. Während sein Köpfchen von Puppe «Rumpumpel» stammt, wurde der Körper von der Rheinischen Gummi- und Celluloid-Fabrik (Schildkröt) geliefert. Hergestellt war es aus unzerbrechlichem Kunststoff, so daß es auch zum Baden gut geeignet war.
Signierung: Das «Badebaby» war nicht gestempelt, trug nur ein Firmenschildchen.

«Doggi», «Modell Hanne Kruse»
«Doggis» Puppenleben dauerte von 1964 bis 1967, sie hatte die Größe von 25 cm und war das «Däumlinchen» in Vinyl. Die Kunststoffhaare wurden maschinell in den Kopf genäht.
Signierung: «Doggi» hatte auf dem Rücken den Namenszug «Käthe Kruse» eingeprägt und ein Firmenschildchen um den Hals.

Plüsch und Frottee
Ab 1967 entstand in den Kruse-Werken ein neuer Spielzeugzweig, nämlich Frottee- und Plüschspielsachen (s. S. 87). Es handelt sich beispielsweise um Frottee-Babys, Frottee-Bälle und Frottee-Tiere (Bär, Ente, Esel), ab 1968 gab es auch Plüsch-Tiere und -Bälle, ab 1974 die «Frottee-Familie Timmermann» und als Neuestes 1981 das «Mummelchen». Frottespielzeug ist nicht gestempelt.

Das «Mummelchen»
Das «Mummelchen» ist ein 36 cm großes Baby, völlig aus formgeschäumtem Kunststoff, mit Nickistoff überzogen und mit einer Plüschperücke ausgestattet. Es ist ein ideales Spielzeug für das Kleinkind, weich, warm und anschmiegsam, so recht zum Liebhaben und Mit-ins-Bett-nehmen geeignet. Es ist nicht signiert, hat aber am Rücken ein Bändchen mit dem eingewebten Namenszug «Käthe Kruse» eingenäht und ein Firmenschildchen um den Hals gehängt.

Oben: Badebabys aus dem Firmenprospekt 1969/70. Links unten: «Familie Timmermann», Frottee-Puppen.

Das 36 cm große «Mummelchen» aus formgeschäumtem Kunststoff, Firmenkatalog 1981/82.

Das keck dreinschauende «Däumlinchen» mit seinen Sommersprossen; Kunststoffkopf, Echthaarperücke, keine ausgearbeiteten Hände und Füße.

Reizende Bildserie von zwei «Däumlinchen», fotografiert von Frau Borgé, Tochter von Frau Adler-Kruse.

Links: Zwei «Rumpumpel» als Brüderchen und Schwesterchen; rechts «Flessibila»-Porträt.

Gespannt warten sie alle auf ihren Versand: «Wer wird wohl meine Puppenmutti?»

Das «Mummelchen» in seinem Klarsichtkarton, kurz vor der Reise in die große Welt.

Die Käthe-Kruse-Werkstätten heute

Donauwörth wurde 1946 zur zweiten Heimat der Käthe-Kruse-Werkstätten. Der Initiative der Kruse-Söhne Michael und Max ist es zu verdanken, daß der Neuaufbau des Unternehmens sofort nach dem Krieg in Angriff genommen wurde. So hart das Flüchtlingsschicksal eine Käthe Kruse getroffen haben mag, so war es ihr dennoch vergönnt, ab 1950 die Fortsetzung ihres Lebenswerkes in Donauwörth miterleben zu können. Ja nicht nur das, ihre Vitalität hat es ihr gestattet, selbst im hohen Alter noch aktiv im Betrieb mitzuwirken, Geschäftsreisen zu unternehmen und Fachvorträge zu halten.

Nach einer unternehmerischen Umdisposition nahm sich ab 1958 ihre drittälteste Tochter Johanna der künstlerischen Weiterführung des Betriebes an, während ihr Ehemann Heinz Adler den Betrieb auf neuen Erfolgskurs steuerte. Seine glückliche Hand in kaufmännischen und technischen Fragen, gepaart mit den neuen Puppenkreationen seiner Frau, haben den Käthe-Kruse-Werkstätten zu neuer Blüte verholfen. Dieser zweiten Generation der Kruse-Familie, ihren Werkstätten und den dort ins Leben gerufenen Puppenkindern galt es nun, für die Leser dieses Buches einen Besuch abzustatten.

Von München kommend, der Stadt Donauwörth vorgelagert, erwarten einen in der Alten Augsburger Straße Nr. 9 schmucke und moderne Betriebsgebäude auf eigenem Gelände. Dem Verwaltungsbau schließen sich organisch die Betriebsräume an; hier also entstehen die schönen, vielgeliebten Käthe-Kruse-Puppen. Zunächst aber muß man den Schock der Konfrontation eines Herstellungsprozesses verwinden. Hier steht ein Korb mit unfertigen Körpern herum, dort einer gefüllt mit Kunststoffköpfen, an der Wand hängen hunderte von Beinchen, in einem Trockenraum sind die bemalten Puppenköpfchen zum Trocknen auf Holzstangen aufgespießt, und in einem anderen Raum stopfen fleißige Frauenhände die Körper bestimmter Puppentypen noch wie früher mit Rentierhaaren; und extrem modern, auf der anderen Seite, eine große Maschine zur eigenen Herstellung von Kunststoffteilen. Dann aber wieder ein Ort der Individualisten und Künstler: die Augenmalerei. Ein Mitarbeiter aus alten Zeiten und vier Frauen malen mit großem Geschick die Augen der Puppen und für bestimmte Typen auch die Haare. Spätestens hier, wo die Puppe anfängt Puppe zu werden, beginnt sich der oben erwähnte Schock zu verflüchtigen. Mit dem Besuch der Montageabteilung, wo die Puppen zusammengesetzt werden, der Besichtigung der imposanten Näherei und beim Zuschauen des Frisierens der Echthaarperücken beginnt das große Aufatmen: Da liegen, sitzen, stehen sie nun auf Tischen und in Körben, die Puppengeschöpfe, um dann in der Expedition versandfertig gemacht zu werden. Gebettet in Kartons, bedruckt mit dem stolzen Schriftzug «Käthe Kruse», können sie nun in alle Welt hinausgehen. Und vielleicht kommt die eine oder andere hier an den Ort ihrer Geburt zurück, um von den Schäden allzu grober «Kindermißhandlung» wieder geheilt zu werden.

Nach dieser allgemeinen Werkstattbeschreibung nun einige technische Fakten, die für die Puppenherstellung von Interesse sind: Die aus Kunststoff (Polystyrol) geblasenen rosa Kopfrohlinge werden geschliffen und zweimal gespritzt, wodurch sie ihre eigentliche Hautfarbe erhalten. Augen und Mund werden mittels Schablone grundiert, um anschließend von Hand mit Pinsel und Ölfarbe sorgfältig ausgemalt zu werden.

Im Gegensatz zur einheitlichen Kopfherstellung verläuft die Herstellung der Körper wesentlich unterschiedlicher. Die Körper der Puppen «52 H» und «32 H» sowie die der Babypuppen «47 BH», «35 BH» und «32 BH» werden noch nach der alten Methode aus Nesselstoff gefertigt und mit Rentierhaaren handgestopft. Die Arme werden grundsätzlich immer angenäht,

während die Beinchen der Puppen «52 H» und «32 H» mittels Scheibengelenk und Splint befestigt und die der oben genannten Babypuppen, nämlich «47 BH», «35 BH» und «32 BH», angenäht werden.
Seit 1973 verwendet man jedoch auch formgeschäumte Kunststoff-Körperteile, und zwar für das «Träumerchen» und «Du Mein» sowie für die Puppen «47 H», «35 H» und für das «Däumlinchen». Diese Körperteile werden in einem aufwendigen Verfahren in einer bestimmten Festigkeit und Schwere geschäumt. Da sie außerordentlich glatt sind und die Stoffbezüge sich nicht verschieben dürfen, werden sie anschließend mit einer Beflockungsmaschine stumpf gemacht. Das geschieht folgendermaßen: Die Körperteile werden von Hand mit Kleber bestrichen, auf eine Elektrode gesteckt und in die Beflockungsmaschine eingegeben. Hier werden die Flocken elektrostatisch angezogen, ein Vorgang, der nur 20 Sekunden dauert. Die Teile sind sofort trocken. Bei den Puppen «Du Mein», «Träumerchen» und dem «Däumlinchen-Baby» werden die passenden Körperteile und die richtigen Köpfe mittels eingeschäumter Bänder zusammengeknüpft und vernäht. Anschließend werden die passend vorgenähten Trikot-Körperhüllen darüber gezogen und die offenen Stellen dreifach von Hand fest zugenäht.
Bei den Puppen «47 H» und «35 H» ist die Befestigung der Beine wieder anders, und zwar werden sie – nachdem sie mit Trikot bezogen wurden – eingeschraubt, was durch einen neuartigen Drehmechanismus geschieht. In die Kunststoffkörper sind bereits Muttern und in die Beine Scheibengelenke und Schrauben eingeschäumt worden, so daß beide Teile zusammengeschraubt werden können. Die Beine bleiben dabei genauso beweglich wie die der Puppen «52 H» und «32 H».
Das stehende «Däumlinchen» hat über einem Drahtskelettchen ein formgeschäumtes Körperchen, das mit Trikot bezogen wird. «Mummelchen» besteht aus formgeschäumten Körperteilen, die mit Nickistoff bezogen werden, das Frottee-Baby dagegen aus kaschierten Schaumstoffolien, deren handgestanzte Schnitteile zusammengenäht und mit Frotteestoff bezogen werden.
Zuletzt erhalten die Puppen sehr hübsche und aufwendig geknüpfte Echthaarperükken. Als erstes und einziges Kruse-Püppchen hat «Mummelchen» eine Mohair-Plüschperücke.
Gemalte Haare findet man heute nur noch beim «Däumlinchen-Baby» und auf Sonderbestellung beim «Du Mein» und «Träumerchen». Das Malen der Haare wird von einer Malerin, die seit 33 Jahren im Betrieb arbeitet, ausgeführt. Nach den oben geschilderten Arbeitsvorgängen kommen die fertigen Püppchen in die Kleiderwerkstätte, wo sie die für sie im Katalog vorgesehene Kleidung erhalten. Die Entwürfe hierfür stammen vorwiegend von Frau Hanne Adler-Kruse und ihrer Assistentin und sind äußerst geschmackvoll, ihre Farben dezent und trotzdem farbenfroh. Liebevoll und passend ist die Kleidung mit der Kopfbedeckung und den Lederschuhen abgestimmt. Der Trend der Macharten geht eindeutig immer mehr zum Schlichten und Einfachen hin, er entspricht der heutigen Mode, doch fehlt es auch nicht an Festkleidchen, Mäntelchen, an Trachtenkleidung, Nachtwäsche, Strick- und Sportkleidung. Verarbeitet werden heute in erster Linie Baumwollstoffe, Voile, Batist und Wollstoffe, wie das schon in früheren Jahren der Fall war.
Abschließend ist zu erwähnen, daß es auf einer Betriebsfläche von 1500 qm durchschnittlich 80 Mitarbeiter und 85 Heimarbeiterinnen möglich machen, daß jährlich etwa 15.000 Käthe-Kruse-Puppen das Haus verlassen.
Es war beglückend zu erfahren, wie die Tradition der Käthe-Kruse-Puppen weiter gepflegt wird.

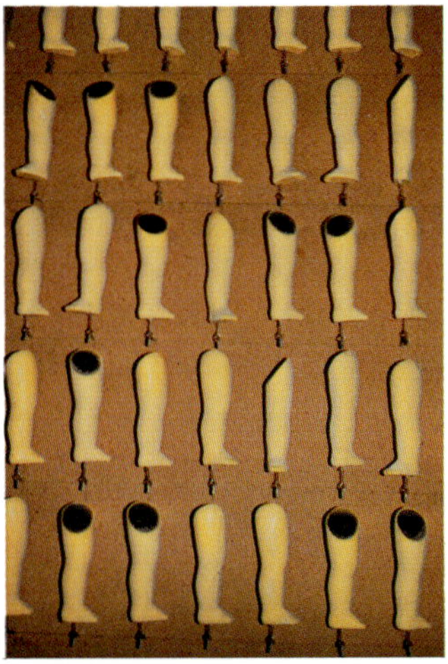
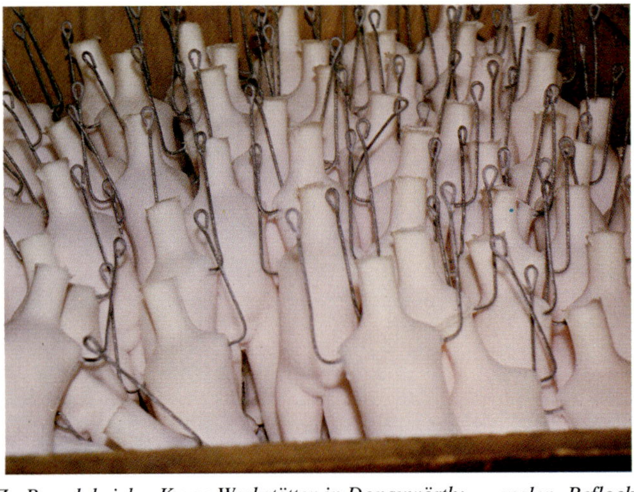
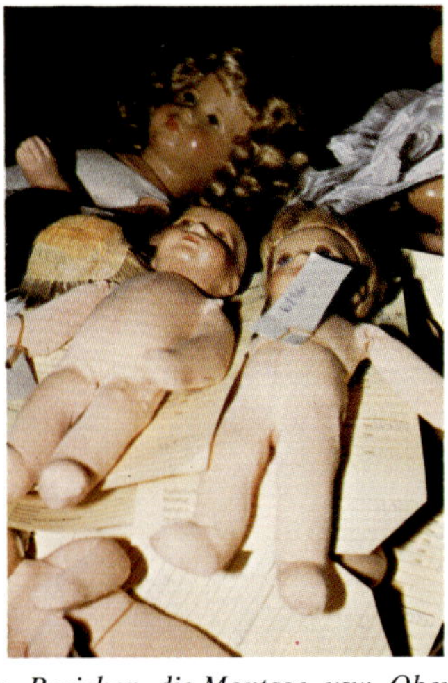

Zu Besuch bei den Kruse-Werkstätten in Donauwörth: Köpfe, Körper und Beinchen aus Kunststoff warten auf ihre Weiterverarbeitung, wie das Beschleifen, Bemalen, Beflocken, Beziehen, die Montage, usw. Oben links eine Maschine zum Herstellen von Kunststoffteilen, eine wichtige Anlage zur kostengünstigen Produktion.

Oben links: Stoffkörper, die auch heute noch mit Rentierhaaren handgestopft werden. Es folgen Bilder der Näherei, Augenmalerei und der Montageabteilung, in der die Beinchen in die Kunststoffkörper eingeschraubt werden. Unten: Das Abstecken der Stoffkörper, das Frisieren der Perücken und die Reparaturabteilung.

Friedebald-Geschichten

Erlebt und erzählt
von Sofie Rehbinder-Kruse

Friedebald und Eselchen Rosinchen

Friedebald, mein kleiner Bruder, der an meinen Zöpfen laufen lernte und eine gewisse Popularität durch die Puppe bekam, die nach ihm gemacht und benannt wurde, wuchs zu einem frischen, tatenfreudigen, humorvollen Jungen heran. Er war, wie man zu sagen pflegt, unser aller Sonnenschein, er hat unser Leben lebendiger gemacht durch seine Einfälle, Warmherzigkeit, Klugheit und seinen Ideenreichtum.
Ich war seine «viel ältere Schwester». Als er neun war, war ich dreiundzwanzig, und da ich ihn weitgehend aufgezogen habe, blieb immer eine gewisse Mutter-Kind-Beziehung zwischen uns bestehen und aus der heraus auch meine erzieherischen Anwandlungen.
Einst, ich sehe mich noch im Arbeitskittel durch den Betrieb gehen und über die Schulter unserer Näherinnen gucken, als mich jemand von hinten am Kittel zieht und flüstert: «Du, bitte gib mir etwas Geld!» Ich drehe mich um, zupfe seine wilden Locken aus der Stirn und sage: «Na hör' mal, so leicht ist das nun doch nicht, einfach «gib mir Geld», Du bist doch nun schon ziemlich groß, vielleicht könntest Du versuchen, Dir mit irgendeiner Arbeit schon selber etwas zu verdienen?» Er sieht mit krauser Stirn lange und zweifelnd zu mir auf und findet mich gar nicht nett! Aber er verschwindet, und ich mache mir ehrlich keine Gedanken mehr um ihn, bis zur Mittagspause.
Da kommt er wieder zu mir. Diesmal sitze ich so, daß unsere Köpfe in gleicher Höhe sind. Er steht ein wenig breitbeinig in seiner museumsreifen Lederhose, ich möchte sagen, triumphierend stolz, vor mir, beide Hände in den Taschen und schüttelt diese. «Du, was glaubst Du, was ich hier habe?» Es ist ein komisches Geräusch und ich tippe auf Kieselsteine. «Nein», schüttelt er den Kopf, «weiter»!
Er hätte dieses Ratespiel gerne weiter fortgesetzt, aber nun schüttle ich den Kopf: «Ich habe keine Zeit lange herumzurätseln, zeig' halt her!» Er zieht die Fäuste aus den Taschen, knallt sie vor mir auf den Tisch, öffnet sie, und vor mir liegen zwei Haufen Kupfermünzen. Schwester erschrocken: «Wo hast Du denn die her?» «Sagtest Du nicht, ich solle mir mein Geld selber verdienen? Da bin ich eben mit Rosinchen zum Gradierwerk gegangen und habe die Kinder reiten lassen, das hat ihnen mächtig Spaß gemacht, und jeder mußte zehn Pfennige zahlen, und ich muß gleich nach dem Mittagessen wieder hin.» (Muß ich erklären, daß Rosinchen unser sizilianisches Eselchen war, das Mutter extra samt buntbemaltem, zweirädrigem Wagen mit feder- und glitzergeschmücktem Zaumzeug aus Palermo hatte kommen lassen, um die Puppen damit auszuliefern?)
Oh, ich fand dies Unternehmen meines Bruders schön. Es waren ja die großen Fe-

Nackedei Friedebald lernt an den Zöpfen seiner großen Schwester Fifi das Laufen.

rien. Friedebald war untergebracht, und er nahm auch seinen kleineren Bruder Max mit hinauf, und die ewige Fragerei: «Du, was könnten wir denn jetzt machen?», fiel aus.

Aber meine, mit Aufatmen genossene Ruhe wird bald zerstört. Ich wurde nach ein paar Tagen am Telefon verlangt – etwas erschrockene Augen der jungen Sekretärin: «Fräulein Fifi, der Bürgermeister!» Es war nicht der Bürgermeister. Es war nur jemand von der Gemeindeverwaltung, und der war streng! «Fräulein Kruse, wissen Sie, daß Ihr Bruder ein Gewerbe eröffnet hat?» Ich konterte: «Wer, mein Bruder Friedebald?» «Ja, der mit den blonden Locken und der Lederhose, aber wissen Sie, das geht aber eben nicht, der braucht dazu einen Gewerbeschein, den müssen Sie dann erst beantragen!» «Danke für die Aufklärung, ich werde es meinem Bruder sagen, es wird nicht wieder vorkommen!»

Ach, nun lungerten sie wieder rum, kletterten in die Obstbäume, brachten die Hühner und Enten durch ihr wildes Geschrei in Aufregung oder versuchten, mir zu entschlüpfen, um an der Saale ihre Spielchen zu treiben. Es waren unruhige Tage für mich, bis ich wieder ans Telefon gerufen wurde. Dieselbe Stimme, aber diesmal etwas verlegen bittend: «Ach, Fräulein Kruse, bitte lassen Sie doch Ihren Bruder wieder rauf in die Anlage, was glauben Sie, was wir für Scherereien haben. All' die Mütter kommen gelaufen und flehen uns an, nun wären ihre ganzen Erholungsmöglichkeiten hin, denn die Kinder wüßten nicht mehr, was sie anfangen sollten, quängelten den ganzen Tag, stritten sich und wären einfach unleidlich. «Ja, aber der Gewerbeschein?» «Ach, natürlich braucht er keinen, wir sind ja dankbar, wenn er es nur weitermacht.»

Der verlorene Schirm

Ich bekam zu meinem Geburtstag einen Regenschirm. Schwarz, lang und mit einem gebogenen Griff, wie Regenschirme eben damals waren. Ich bekam ihn von meinem Bruder Friedebald! Einige Zeit später verlor ich ihn, das heißt, ich hatte es eigentlich noch gar nicht gemerkt, aber es regnete in Strömen, ich mußte weg, ich stand ratlos, bis mich eine erstaunte Stimme im Hintergrund fragte: «Warum nimmst Du denn nicht Deinen Schirm?» Ich mußte gestehen, daß ich ihn nicht fand, daß ich ihn scheinbar verloren hätte. Langes Schweigen – und dann: «So seid Ihr Frauen, da rackert man sich ab, um Euch eine Freude zu machen und Ihr...» In allen großen Ferien übte Friedebald sein «Gewerbe» unbeanstandet aus, und dies verhalf ihm zu einer gewissen Machtstellung, denn die kleinen Mädchen und Buben liefen ihm nach, von seiner Gunst hing es ja ab, wie oft sie reiten konnten. Er war nicht dumm, er erkannte seine Chancen! So war er immer umgeben von einem Schwarm bettelnder, hopsender, schreiender Kinder.

Friedebald, Esel Rosinchen und Freundin Ilse.

Friedebald und seine Freundin Ilse

Mit der Zeit war immer häufiger ein kleines blondes Mädchen dicht bei ihm, und immer häufiger durfte sie reiten, weil sie gerade müde war, weil sie doch noch so klein war, weil sie sich doch den Zeh gestoßen hatte. Und immer häufiger brachte er sie dann schon mit in den Garten und bemutterte sie, schäkerte mit ihr und trug sie – wie man so sagt – «auf Händen»! Der arme kleine Bruder Max kam sehr ins Hintertreffen, doch gegen «Liebe» ist jeder machtlos. Vielleicht hieß sie Ilse? Ich weiß es nicht, die Mutter nannte sie noch Baby, und für mich wurde sie klamm und heimlich ein süßes Opfer, denn auf meiner Suche nach immer neuen und netten Kinderköpfen wurde sie ein willkommenes Modell (s. Seite 106).
Die Schaufensterpuppe, die so entstand, hieß bei uns Ilse und wurde ein echter Schlager, denn aus diesem reizenden Kind konnte man nichts anderes machen, als eben auch einen reizenden Kopf.
Der Schirm, übrigens, fand sich eines Tages im Auto wieder, er war zwischen Sitz und Rückenlehne eingeklemmt gewesen. Friedebald mußte seine Ansichten über Frauen revidieren! Daß er den ausgefallenen Namen «Friedebald» bekam, lag an dem Zeitpunkt seiner Geburt, am 15. 8. 1918, kurz vor Waffenstillstand. Daß aber er im zweiten Weltkrieg in Rußland bleiben mußte, ist ein nie zu verkraftender Schicksalsschlag.

Käthe Kruse

IX/49

Bad Kösen, Datum des Poststempels

An unsere Geschäftsfreunde.

Wir waren auf der Herbstmesse in der erfreulichen Lage infolge einer Materialzuteilung Puppen in beschränktem Umfange ohne die bisher notwendige Stoffabforderung anbieten zu können. Für diejenigen unserer Kunden, die uns nicht besuchen konnten, wiederholen wir die Mitteilung. Sie betrifft in vollem Umfange die Puppen mit gemalten Härchen. –

Für die Perücken der Echthaar-Puppen muß das Material auch weiterhin uns eingesandt werden. Und zwar benötigen wir:

für die kleinen Puppen IX und XIII, d. h. die 35 cm hohen Puppen . . . . . | je 80 gr Echthaar und 20x40 cm Müllergaze

für die mittelgr. Puppen I und XII, d. h. die 45 cm hohen, und für die großen deutschen Kinder d. h. die 52 cm hohen Puppen | je 100 gr Echthaar und 25x50 cm Müllergaze

oder wir können anbieten, das eine oder andere Material gegeneinander einzutauschen, und brauchen dann:

wenn man nur Haare beschaffen kann:
für die kleinen Puppen — je 150 gr Echthaar
für die mittleren und großen Puppen — je 200 gr Echthaar (und keine Müllergaze) –

resp. wenn man nur Müllergaze beschaffen kann:
einen Streifen von mindestens 10 resp. 12 cm Länge in voller Breite (und kein Haar).

Die Perücken werden von uns in Handarbeit eingeknüpft in eine doppelte Stofflage. Nur die sogenannte Müllergaze, ein sehr feines, sehr festes Schweizer Seidenfabrikat (so genannt, weil es zum Sieben von Mehl gebraucht wird), besitzt die Festigkeit, die geknüpften Knötchen zu halten, sodaß die Puppe wirklich gekämmt werden kann. (Soweit wir unterrichtet sind, sind wir die einzige Firma, die diese Art der Arbeit leistet.)

Käthe Kruse | 70 JAHRE

Käthe Kruse Puppen GmbH 8850 Donauwörth
Postfach 1229 Telefon 09 06/30 05

Datum

1983 Kleiderstoff- und Perückenänderung vorbehalten!

Stück			Einzelpreis	Stück			Einzelpreis	Stück			Einzelpreis
	DU MEIN	50 BH	451,–		Irmela	32 H	392,–		MUMMELCHEN		
	Cecile	52 H	522,–		Max	32 H	378,–		Biball rot	36 P	125,–
	Elonka	52 H	529,–		Ruth	32 H	382,–		Biball blau	36 P	125,–
	Felicitas	52 H	527,–		Sophia	32 H	388,–		Schuftel	36 P	114,–
	Lukas	52 H	548,–		Fridolin	32 BH	286,–		Trina	36 P	124,–
	Maja	52 H	531,–		Matz	32 BH	295,–		Edda	36 P	124,–
	Pepi	52 H	534,–		Nike	32 BH	307,–		Nucke	36 P	98,–
	Baby	35 BH	309,–		Hemdmatz o	25 BH	118,–		Clärchen	36 P	109,–
	Baby	47 BH	405,–		Hemdmatz s	25 BH	118,–		Gerti	36 P	114,–
	Anselm	35 H	340,–		Bibi	25 BH	133,–				
	Anselm	47 H	395,–		Dina	25 BH	137,–				
	Bine	35 H	338,–		Fips	25 BH	135,–				
	Bine	47 H	405,–		Spatz	25 BH	129,–				
	Christine	35 H	329,–		Ulli	25 BH	130,–				
	Christine	47 H	395,–		Prisca	25 BH	135,–				
	Dagmar	35 H	356,–		Yvo	25 BH	122,–				
	Dagmar	47 H	429,–		Strampelchen	25 BH	125,–				
	Elke	35 H	334,–		Bibi	25 BG	94,–				
	Elke	47 H	401,–		Dina	25 BG	98,–				
	Franzi	35 H	348,–		Fips	25 BG	96,–				
	Franzi	47 H	420,–		Spatz	25 BG	90,–				
	Gritli	35 H	333,–		Ulli	25 BG	92,–				
	Gritli	47 H	400,–		Prisca	25 BG	96,–				
	Hasso	35 H	343,–		Yvo	25 BG	84,–				
	Hasso	47 H	400,–		Bess	25 N	160,–				
	Hetti	35 H	335,–		Mary	25 N	180,–				
	Hetti	47 H	401,–		Oskar	25 N	170,–				
	Irene	35 H	359,–	bl r dh	Ännchen	25 H	167,–				
	Irene	47 H	432,–		Agathe	25 H	164,–				
	Jörgel	35 H	358,–		Bastel	25 H	159,–				
	Jörgel	47 H	412,–		Bettina	25 H	164,–				
	Katrin	35 H	339,–		Doris	25 H	163,–				
	Katrin	47 H	406,–		Else	25 H	171,–				
	Livia	35 H	340,–		Finni	25 H	169,–				
	Livia	47 H	408,–		Jockerle	25 H	151,–				
	Mimerle	35 H	334,–		Käthchen	25 H	167,–				
	Mimerle	47 H	401,–		Lena	25 H	169,–				
	Ottike	35 H	350,–		Lena	25 H	158,–				
	Ottike	47 H	421,–		Mareile	25 H	165,–				
	Stanzi	35 H	335,–		Norbert	25 H	149,–				
	Stanzi	47 H	402,–		Otti	25 H	164,–				
	Toni	35 H	354,–		Reni	25 H	165,–	Liefertermin			
	Toni	47 H	412,–		Sabine	25 H	163,–				

Versand

Wer in der Nachkriegszeit eine Käthe-Kruse-Puppe mit Echthaarperücke haben wollte, mußte das Haar hierfür einsenden. Hiervon zeugt der obige Brief vom September 1949, der von Käthe Kruse aus Bad Kösen/DDR an die Geschäftsfreunde verschickt wurde.

Die Preisliste 1983 zeigt, daß Käthe-Kruse-Puppen als hochwertiges, kunsthandwerkliches Erzeugnis auch heute ihren Preis haben.

Von links nach rechts: Käthe-Kruse-Puppe mit «Friedebald»-Kopf in der ungewöhnlichen Größe von 45 cm; Puppe «35 H»; Puppe «52 II»; Puppe «47 H». Alle Puppen haben Kunststoffköpfe mit handgeknüpften Echthaarperücken.

Käthe-Kruse-Schaufensterpuppen

Von der Spielpuppe zur Schaufensterpuppe als Dekorationsfigur ist es nur ein ganz kleiner Schritt; so jedenfalls dachte Käthe Kruse, als sich Anfang 1928 das Kaufhaus Oberpollinger in München an sie mit der Bitte wandte, zum Muttertag für ein Schaufenster Puppen in den Konfektionsgrößen drei- und fünfjähriger Kinder zu liefern. Bald aber stellte sich heraus, daß dieses weitaus schwieriger war, als im ersten Augenblick angenommen. Beweglichkeit, Standfestigkeit und viele andere Kriterien waren da zu bewältigen. Es dauerte eine geraume Zeit, bis die Versuche Erfolg versprachen, und so wurde weiter entwickelt und perfektioniert. Vor allem galt es, den Körper durch ein Gerüst im Innern beweglich zu machen. So entstand ein großes Metallskelett, an dessen Verwirklichung Tochter Sofie (Fifi) unter Mitarbeit eines Klempners entscheidend Anteil hatte. Mit dieser Konstruktion wurde den Schaufensterfiguren eine bis dahin nicht gekannte Beweglichkeit und Mobilität verliehen. Später gab es sie sowohl in Kinder- als auch in Erwachsenengrößen.
Für den ersten Kopf wurde der Abguß von einer Büste gemacht, die Käthe Kruse von ihrem Stiefschwiegersohn Igor von Jakimov von dem damals dreijährigen Friedebald hatte modellieren lassen. Nachdem man dieses Problem gelöst hatte, war es äußerst wichtig, der Figur durch eine Echthaarperücke noch mehr Charme und Natürlichkeit zu verleihen. Damit war gleichzeitig der Anstoß gegeben, später auch Spielpuppen mit handgeknüpften Echthaarperücken auszustatten, was erstmals 1929 bei Puppe VIII, dem «Deutschen Kind» praktiziert wurde. Natürlich war es nicht möglich, mit nur einem Kopftyp eine größere Serie von Schaufensterpuppen ins Leben zu rufen. Ein Ziel, das man aber inzwischen verwirklichen wollte, da automatisch nach weiteren Größen verlangt wurde. Eine Vielzahl an Schaufenster-Puppenköpfen war plötzlich erforderlich, und so griff Tochter Sofie zur Selbsthilfe und fing an zu modellieren. Das Ergebnis war so frappierend gut, ja künstlerisch, daß ihr Vater spontan äußerte, er habe so eine Begabung überhaupt noch nicht erlebt. Es zeigte sich, daß Tochter Sofie das künstlerische Talent von ihrem Vater, dem berühmten Bildhauer Max Kruse geerbt hatte. Vielleicht gehört es zu ihrem Schicksal, daß sie bei ihrer großen Begabung nicht die Akademie besuchen durfte, ihr waren vielmehr Aufgaben im Haushalt und später im Betrieb zugewiesen. Mit 14 Jahren bereits begann ihre Mitarbeit als Lehrling in den Käthe-Kruse-Werkstätten, dem Betrieb ihrer Mutter, der sie dann fast 35 Jahre festhielt: als Prokuristin und Betriebsleiterin. So war es ihr auch ohne Studium möglich, ihre Fähigkeiten entfalten und sich verwirklichen zu können. Etwa 100 Köpfe dürften es gewesen sein, die sie nach Geschwistern, eigenen und fremden Kindern, Freunden, Bekannten und auch Prominenten für Schaufensterpuppen modelliert hat. In jener Zeit befaßte sich ein Zeitschriftenartikel mit den neuen Schaufensterpuppen und schrieb u. a.: «Weit über die Grenzen Deutschlands hinaus sind diese verstellbaren Schaufensterfiguren zu einem anziehenden, künstlerischen wie werblichen Blickfang im Schaufenster geworden. Auf der Pariser Welt-Ausstellung fand die von Käthe Kruse im Deutschen Haus gestellte Figurengruppe Beifall und Bewunderung.»

Wie einmalig schön die Käthe-Kruse-Schaufensterfiguren waren, beweisen die hier abgedruckten und außerordentlich seltenen Originalfotos aus den 30er Jahren, die ganz sicher das vorliegende Buch wesentlich bereichern. Auch nach dem Krieg wurde die Produktion der Schaufensterpuppen fortgesetzt, da ihre Verbreitung ein besonderes Anliegen von Käthe Kruse war. Erst im Jahre 1962 hatte man sich entschlossen, diesen Geschäftszweig aufzugeben.

Die „verstellbaren Schaufenster-Figuren für Mode- und Reklame-Zwecke" werden als Einzelstücke über Metall-Kugel-Gelenk-Skeletten mit Zellstoff und Mullbinden von Hand modelliert. Sie sind, dieser Beschaffenheit entsprechend, unzerbrechlich und in jede Stellung zu bringen.

Die Köpfe sowohl wie die Perücken aus dauergewellten echten Haaren sind auswechselbar und können weiterhin durch neue ergänzt werden, so daß diese Figuren auch nicht unmodern werden.

(Alle Perücken in den Haarfarben: blond, mittelblond, kastanienbraun und dunkel.)

Die normale Herrenfigur

für Fertigkleidung in den Anzug-Größen 44—50

Ausführung 1,	nur sitzen- und liegen-könnend in allen darin möglichen Stellungen	510,— RM,
Ausführung 2,	nur stehen-könnend in allen möglichen Haltungen	525,— RM,
Ausführung 3,	die Universalausführung, fest-schraubbar, die jede Haltung ermöglicht, im Stehen, Sitzen oder Liegen	575,— RM.

Die Herrenfigur in Sondergröße

(unsere sogenannte Frackfigur)

Maße je nach Wunsch, 178—185 cm groß, schlank, mit langen Beinen, für elegante Maßanfertigung, nur als Universalfigur lieferbar . . . . 595,— RM.

Jünglingsfiguren, je nach Größe und Ausführung . . . 425—525 RM

Dornständer für stehende und Universal-Figuren . . . . 3,50 RM.
Schuhe und Socken (Größe 42) werden auf Wunsch von uns besorgt, mit den für die bewegbaren Füße richtigen ovalen Löchern versehen und zum Selbstkostenpreise mitgeliefert.

Die normale Damenfigur

für Fertigkleidung in den Größen 38—42

Schlanke Normalmaße in natürlichen Frauengrößen, Scheitelhöhe 164—170 cm (ohne Absatz gemessen) mit den Köpfen Margarete und Marianne (zunächst), mit schönen kleidsamen Tages-Frisuren: tiefe Knoten, Nackenrollen, kurze Locken, Bubiköpfe etc. (Frisurengruppe A), Haarfarbe nach Wunsch:

Ausführung 1,	nur liegen- und sitzen-könnend in allen darin möglichen Stellungen	450,— RM,
Ausführung 2,	nur stehen-könnend in allen möglichen Haltungen	475,— RM,
Ausführung 3,	die Universalfigur, fest-schraubbar, die alle Stellungen einnehmen kann, im Stehen, Liegen und Sitzen	525,— RM.

Werden diese Normalfiguren mit abendlichen, hochmodischen Frisuren gewünscht, die besondere Arbeit oder reiche Haarmenge verlangen (Frisurengruppe B) - so erhöht sich der Preis um 30.- RM.

Ganz neu! Die **modische** Figur

für Modellkleidung und Steckzwecke

Scheitelhöhe, je nach Wunsch, 172—183 cm, überlang und überschlank, mit dichten langen Wimpern, modisch geschminkt und mit anspruchsvollen, modernsten Frisuren, nur als Universalfiguren lieferbar . 575,— RM.

Dornständer für stehende und für Universalfiguren . . . . 3,50 RM.
Schuhe mit hohem Absatz aus schwarzer Seide (oder nach Wunsch eleganter) sowie modisch-farbige Strümpfe werden auf Wunsch besorgt, mit den für die verstellbaren Füße richtigen Dornständer-Löchern versehen und zu Selbstkostenpreisen mitgeliefert.

Originaltext aus dem Prospekt für Schaufensterfiguren aus dem Jahre 1938.

«Mäcke» und «Roselind», zwei Schaufensterkinder spielen mit lebenden Kätzchen.

Oben: Das freundliche Schaufensterbaby «Ambrosius» im Strampelhöschen.

Die Schaufensterpuppen «Philine» und «Ilse» mit Käthe-Kruse-Puppenwagen, Entwurf Jochen Kruse.

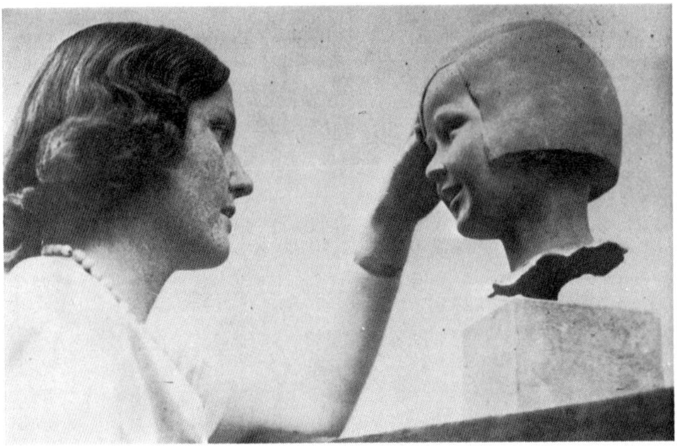

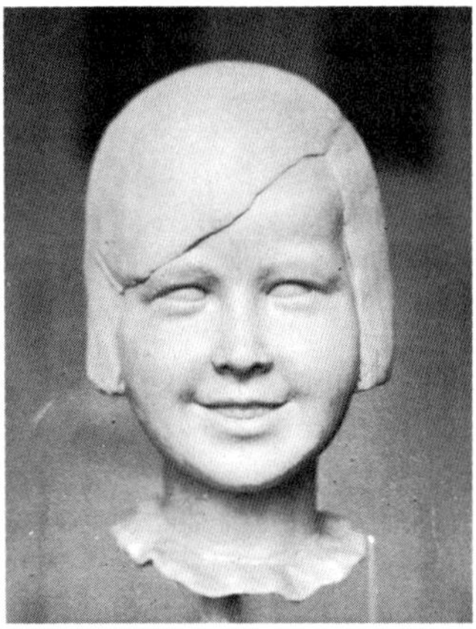

Oben links: Friedebald neckt seine erste Freundin Ilse. Daneben ein Freilichtporträt von Ilse. Das Bild links unten zeigt Sofie, genannt Fifi, beim Modellieren der «Ilse»-Büste. Daneben: Das gelungene Kunstwerk mit seiner Identität zum obigen Modell. Darunter präsentiert sich das Endprodukt, die Schaufensterpuppe «Ilse».

Porträt der «Ilse»-Schaufensterpuppe mit Zöpfen.

Oben: Zwei Szenen aus dem Hochzeitsschaufenster bei Oberpollinger 1928; unten links: «Marietta» mit «Friedebald»; rechts: Waschtag, beachtenswert die natürliche Haltung der Hände.

Schaufensterdame «Margarete», modelliert nach der Schauspielerin Liane Haid. Alle Köpfe der Schaufensterpuppen (Ausnahme «Friedebald»-Kopf) wurden von Sofie Rehbinder-Kruse modelliert.

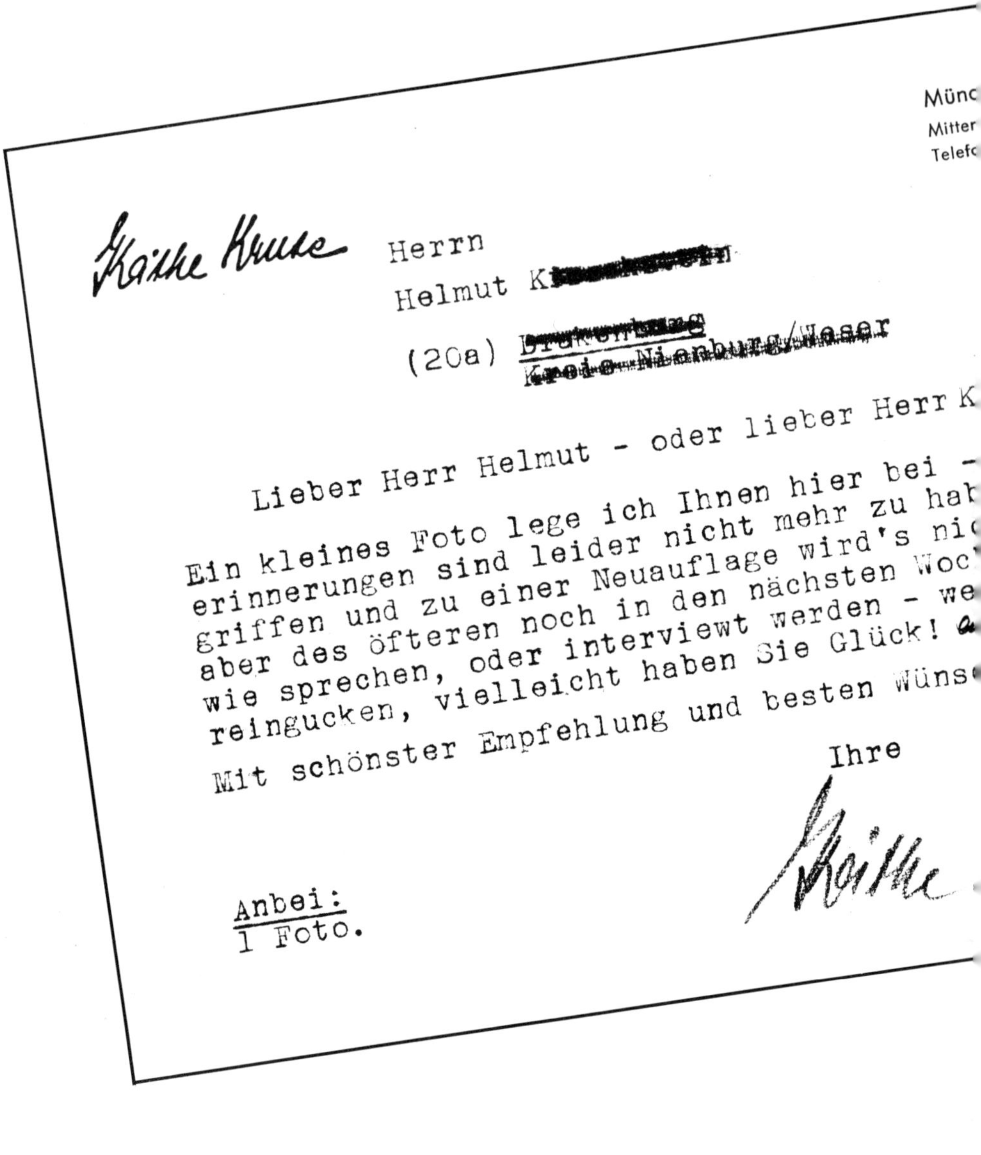

Münc
Mitter
Telefo

Käthe Kruse

Herrn
Helmut K[redacted]
(20a) [redacted]

Lieber Herr Helmut - oder lieber Herr K

Ein kleines Foto lege ich Ihnen hier bei -
erinnerungen sind leider nicht mehr zu hab
griffen und zu einer Neuauflage wird's nic
aber des öfteren noch in den nächsten Woc
wie sprechen, oder interviewt werden - we
reingucken, vielleicht haben Sie Glück!

Mit schönster Empfehlung und besten Wünsc

Ihre

Käthe

Anbei:
1 Foto.

Interessanter Originalbrief von Käthe Kruse mit handsigniertem Foto, Juli 1958.

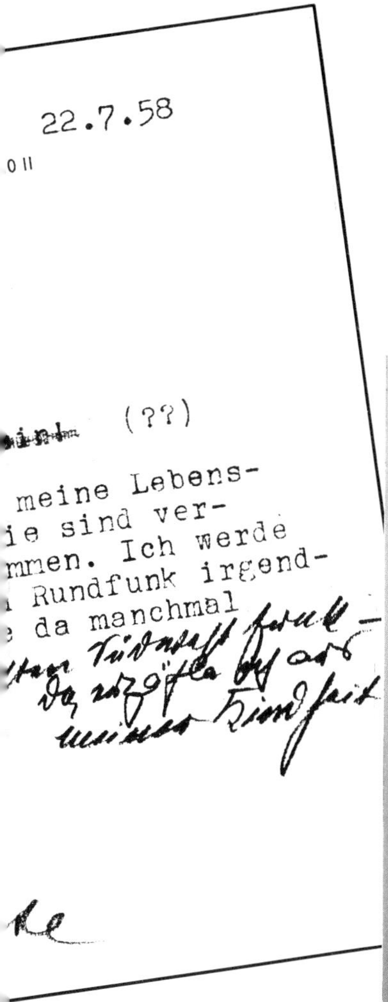

22.7.58

(??)

meine Lebens-
ie sind ver-
mmen. Ich werde
Rundfunk irgend-
da manchmal

Register

A
Adler-Kruse 80, 91, 95
«Ambrosius» 105
Augen, gemalt 65, 95
Augen, geschlossen 38
Augen, offen 42
Arme 66
Ascona 17
B
Babies, sandbeschwert 42
Babypuppen 42, 95
«Badebaby» 86
Bad Kösen 21, 64
Balancier 50
Bauchnabel, aufgenähter 46
Beflockungsmaschine 95
Bemalung 68, 95
«Bing-Prozeß» 24
Boehm, Max von 8
C
Charakterpuppen 8
D
«Das Deutsche Kind» 22, 50, 52
«Das schlanke Enkelkind» 70
«Das Schlenkerchen» 38
«Das Träumerchen» 42, 95
Daumen, angenähter 66
«Däumlinchen» 81, 88, 95
Demiflex 72
«Doggi» 84,86
Donauwörth 25, 80, 94
Drahtskelett 23, 38, 76
Drehkopf 50, 57, 60
«Du Mein» 42, 48, 64, 76, 95
E
Echthaarperücke 50, 57, 60, 65, 68, 95
F
Fiamingokopf 18
«Fifi» 16, 20, 102
Firmenschildchen 64, 95
«Flessibilia» 68, 70, 80, 91
«Friedebald» 22, 50, 70, 76, 81
Frottee 86, 95
G
Glasschlafaugen 8
«Glückskind» 66
Goldmedaille 23
«Graziella» 80, 82
«Gretel» 72
Größen 64
H
Haare, gemalt 65, 95
«Hampelchen» 62, 66, 77
«Hänsel und Gretel» 72
Hinterkopfnähte 64, 66
Hüften 66
I
«Ilsebill» 50
J
Jakimow, Igor von 50, 60, 76
K
Kaiserbabies 8
Kämmer & Reinhardt 19 ff., 65
Karikaturpuppen 9
Kartoffelpuppe 16
Kaulitz, Marion 8
Kopftyp 42
Körper 65
Kruse, Jochen 105
Kruse, Max 16, 18, 20, 94
Kruse, Michael 94
Kunststoff (Polystyrol) 94
Kunststoffköpfe 42, 65
Künstlerpuppen 12
M
Magnesit 43, 68
Magnesitkopf 46, 68
Mamastimme 8
Markierung 64
«Maxl-Baby» 43
Menschenpuppen 12
Menschlein, klein 12
«Mimerle» 16, 20
Modelliermasse 67
«Modell Hanne Kruse» 27, 38, 72, 80, 84
«Modell Käthe Kruse» 25
Mohair-Plüsch-Perücke 68, 95
«Monika» 72
«Mummelchen» 68, 82, 86, 95
Mund, offen-geschlossen 38
Mund, geschlossen 65
N
Nesselkörper, handgestopft 76
O
Oberlippenbogen 65
P
Perücken 68
Perücke, handgeknüpft 42
Plagiate 24
Porzellankopfpuppen 8, 12, 19
«Potsdamer Soldaten» 22
Puppenbezeichnungen 27
Puppe I 28, 32
Puppe II 38
Puppe V 42
Puppe VI 42
Puppe VII 48
Puppe VIII 48
Puppe VIII 50
Puppe IX 57
Puppe X 60
Puppe XII 60
Puppe 32H 95
Puppe 35BH 77, 95
Puppe 35H 76
Puppe 45H 76
Puppe 47BH 77, 95
Puppe 47H 77, 95
Puppe 50BH 76
Puppe 52H 76, 95
Puppenkopftypen, fünf 27
Puppenmacherin 17
Puppenstubenpuppen 23
R
Rehbinder-Kruse, Sofie 2, 43
restaurieren 67
Rentierhaare 68, 74
«Roselind» 104
«Rotkäppchen» 72
«Rumpumpel» 38, 81, 91
S
«Sandbaby» 18
Schaufensterpuppen 22, 23, 25, 102
Scheibengelenke 60, 70, 76, 95
Schildkrötpuppe 25, 72
«Schlenkerchen» 22, 38, 60, 64, 65
«Schummelchen» 68, 70, 76
Signierung 68, 86, 95
Somin, Hedda 16
Spielpuppen 8
Steiff-Tiere 9
«Sternschnuppchen» 32
Stoffkopf 48, 62, 64
Stoffpuppe 8, 64
Strahleniris 68
«Susi» 72
T
«Toni» 72
Tortulon 72
«Träumerchen» 18, 42, 46, 76
Trikotüberzug 42, 95
W
Wachspuppen 8
Wimpern, gemalt 38
Z
Zelluloid 72
Zelluloidpuppen 72
Zunge, beweglich 8

Zeichnung von P. Kleinschmidt